Die Philosophie der Stoa

aus den Schriften Ciceros und Senecas

Kommentar von Hans Leretz

Ferdinand Schöningh, Paderborn

ISBN 3-506-10807-7

Inhaltsverzeichnis

Lernziele, Lerninhalte, Unterrichtsverfahren, Lernzielkontrolle

Die vorliegende Zusammenstellung von Texten zur Philosophie der Stoa ist dem Gedanken entsprungen, die „im Geistesleben der Antike lange lebendige und führende Macht“ (nach Pohlenz), deren Fortwirken bis in die Neuzeit spürbar ist und deren Aussagen zu theoretischen und praktischen Fragen der Philosophie vielen Lernzielen auch des heutigen Gymnasiums entsprechen, dem Lateinunterricht zugänglich zu machen. Ich habe mich bemüht, die Geschlossenheit, die gerade dieses System auszeichnet, soweit ergiebige Textstellen auffindbar waren, anhand des lateinischen Originals aufzuzeigen. Wo nicht, habe ich diese Lücken durch Ergänzungen im Kommentar aufzufüllen versucht, ebenso dort auch evtl. abweichende Lehrmeinungen innerhalb der Stoa vermerkt. Darüber hinaus soll aber dem Schüler mit dieser Auswahl ein Einblick in die anderen Schulen und Probleme der antiken Philosophie überhaupt geboten werden sowie deren Fortwirken bis in die Neuzeit hinein angedeutet werden. Dieser Konzeption entspricht auch der Aufbau des Kommentars. An den Wort- und Sachkommentar schließt sich der Interpretationsteil an: In seinem A-Abschnitt werden die wichtigsten philosophischen Lehrmeinungen vor der Stoa zu dem jeweils behandelten Thema angeführt, teils, um einen Einblick auch in die anderen Schulen, vor allem Platons und Aristoteles', zu geben, teils, um die Herleitung der stoischen Anschauungen aufzuzeigen. Der B-Abschnitt faßt die Ergebnisse schwierigerer Sachverhalte des lateinischen Textes zusammen, bringt erwähnenswerte Ergänzungen zur stoischen Lehre, die durch Textstellen nicht abgedeckt sind, und weist auf unterschiedliche Meinungen innerhalb der Stoa hin. Der C-Teil verfolgt in groben Zügen, meist in Form von Zitaten bedeutender Vertreter der Philosophiegeschichte, das jeweils behandelte Problem bis in die Neuzeit. Die angefügten Fragen sollen dazu beitragen, den behandelten Stoff durch Angabe von Parallel- und Kontraststellen und fachübergreifende Informationen und Reflexionen zu erweitern, zu vertiefen und einzuüben sowie die Sprachkenntnisse und -fähigkeiten zu vervollkommnen und die erreichten Lernziele zu kontrollieren.

Zur Verwendung dieses Textes im Rahmen der curricularen Lehrpläne, die die Vorrangigkeit der Lernziele betonen und deren Operationalisierung fordern, sollen zunächst, soweit in diesem Rahmen möglich, Lernziele konkretisiert, die Lerninhalte angegeben, auf mögliche Unterrichtsverfahren und Kontrollen der Lernziele hingewiesen werden.

a) Lernziele

Grobziele: 1. Erweiterung und Vertiefung der lateinischen Sprachkenntnisse, Wortschatz (einschließlich etymolog. Einordnung, Fähigkeit, Begriffsinhalte zu erfassen, Fremdwörter zu erklären und den Ausdruck zu verfeinern), Formenlehre und Syntax. 2. Fähigkeit, einen philosophischen Text aus dem Lateinischen unter Verwendung der zutreffenden Terminologie inhaltlich zu erfassen und ins Deutsche zu übersetzen. 3. Kenntnis wesentlicher philosophischer und ethischer Leitbegriffe. 4. Einführung anhand von Texten aus Cicero und Seneca in die Problemstellung und typischen Denkformen der Stoa als Beispiel eines philosophischen Systems der Antike und Überblick über die weitere Entwicklung des jeweiligen Problems durch die Philosophiegeschichte bis in die Gegenwart. 5. Einsicht in die Möglichkeit, das Leben mit Hilfe der Philosophie zu bewältigen; Bereitschaft, sich über Maximen der persönlichen Lebensgestaltung klar zu werden.

Mögliche Feinziele (Die Feinziele stehen in engem Zusammenhang mit der Abfolge der Texte)

E 1: Einblick in die Bedeutung der Philosophie für die Antike

E 2, 3, 4: Überblick über die wichtigsten philosophischen Systeme der Antike außer der Stoa.

I 1: Einblick, daß der Logos der zentrale Begriff der stoischen Philosophie ist. I 2: Bewußtsein, daß die Sprache eine Offenbarung des Geistes darstellt. I 3: Kenntnis der wichtigsten Begriffe und Gebiete der Logik und ihrer Bedeutung für die Philosophie. I 4: Kenntnis der stoischen Erkenntnislehre als einer Lehrmeinung in der Philosophiegeschichte, wie Erkenntnis zustande kommt. – II 1 u. 2: Kenntnis einer antiken Lehre über Entstehen und Aufbau der Materie und der Welt. II 3: Kenntnis der wichtigen philosophischen Begriffe „providentia", „Kosmos", „Teleologie", „fatum", „Kausalität" (und auch ihre Kontrastierung gegenüber den Epikureern, Frage 2 und 3). II 4: Kenntnis von Gottesbeweisen der Antike (einschließlich Frage 2) und Begründung der pantheistischen Gottesauffassung. II 5: Einsicht, wie die damalige naturwissenschaftliche Anschauung von der Stellung der Erde im Weltall die philosophische Anschauung von der Stellung des Menschen in der Welt mitbeeinflußte; Einblick in das Verhältnis zwischen Philosophie und Naturwissenschaften; II 6: Kenntnis einer philosophischen Anschauung, die Welt als ein Stufenreich von Zwekken (teleologisch) zu erklären, deren Krönung und Mittelpunkt der Mensch ist.

III A 1 u. 2: Bewußtsein von der Geistnatur des Menschen als einer der europäischen Kultur gemeinsamen Anschauung. A 3: Einblick in die Möglichkeit, aus der Natur des Menschen selbst, dem Selbstwahrnehmungs- u. Selbsterhaltungstrieb Lebensziel und Lebensführung abzuleiten – A 4: Kenntnis von philosophischen Fragestellungen und Spekulationen über die Seele in der Antike – A 5 u. 6: Kenntnis der philosophisch-psychologischen Begriffe „Affekte" und „Willen"; Einsicht in die Notwendigkeit ihrer Steuerung durch die Vernunft – A 7: Einsicht in die Gegensätzlichkeit von Willensfreiheit und Fatum; Kenntnis eines Lösungsversuches; Bewußtsein, daß Willensfreiheit ein unerläßliches philosophisches Postulat für die Ethik ist.

III B 1: Kenntnis von der Begründung des Naturrechtes und der Möglichkeit, die Ethik daraus abzuleiten; Verständnis für die Notwendigkeit allgemein gültiger Normen – B 2: Kenntnis eines wichtigen Grundsatzes stoischer Ethik, seiner Einordnung in die stoische Lehre; Bereitschaft zu einer harmonischen, zielbewußten und konsequenten Lebensführung – B 3: Kenntnis der Begriffe „honestum", „turpe", „virtus" und von dem auch in der Antike vorhandenen Streben nach sittlicher Vollkommenheit und Glück; Kenntnis von Kriterien sittlichen Verhaltens – B 4: Einsicht, daß es vorteilhaft ist, Affekte zu vermeiden und Vernunft zu bewahren; Bereitschaft, Konflikte emotionsfrei und sachlich zu lösen – B 5: Kenntnis des Begriffes „Pflicht"; Verständnis für die Notwendigkeit von Pflichten und Bereitschaft zu ihrer Erfüllung – B 6: Kenntnis zweier möglicher, gegensätzlicher Lebensformen; Bereitschaft zu aktiver Betätigung in der Gemeinschaft – B 7: Kenntnis des

Begriffes „humanitas", seine zentrale Bedeutung und Wirkung in der römischen Antike, sein Fortleben bis in die Gegenwart; Bereitschaft zu humaner Gesinnung und Lebenshaltung – B 8: Kenntnis einer möglichen Haltung, die Fatum und Willensfreiheit vereint; Einsicht in die Beschränktheit menschlicher Existenz und Sinnlosigkeit, sich gegen das Unabänderliche aufzulehnen.

III C 1: Kenntnis des menschlichen Leitbildes der stoischen Philosophie – C 2: Kenntnis, daß Philosophie in der Kaiserzeit in erster Linie dem eigenen Seelenheil dienen sollte; Einsicht in die Notwendigkeit, an sich selbst zu arbeiten und sich charakterlich zu vervollkommnen, sowie Bereitschaft dazu – C 3: Kenntnis des Begriffes „Theodizee"; Kenntnis eines Versuches, das Unglück in der Welt zu deuten; Bewußtsein, daß auch Unvollkommenheiten und Übel zur menschlichen Existenz gehören – C 4: Kenntnis von der Einstellung der Stoa zu materiellen Gütern; Bereitschaft, sich nicht von äußerem Glanz blenden zu lassen – C 5: Kenntnis des Begriffspaares „utile-honestum"; Kenntnis des Lösungsversuches der Stoa; Bewußtsein vom möglichen Widerstreit beider im täglichen Leben – C 6: Einsicht in die Bedeutung der sozialen Tugend der Milde für alle, besonders für Regierende – C 7: Einblick in eine Methode, die Stoa verzerrt darzustellen; Kenntnis eines Vertreters der Stoa in Rom – C 8: Kenntnis der Lehre von den Temperamenten in der Antike und ihrer Bedeutung für den Umgang mit Menschen – C 9: Kenntnis von Trostgedanken eines Stoikers über den Tod; Einsicht, daß der Tod ein Naturgesetz ist.

b) Lerninhalte

Erweiterung und Vertiefung des aus der Wortkunde gelernten Wortschatzes durch philosophisch-ethische Begriffe; lateinische Formenlehre und Syntax, soweit sie im Text vorkommen; ausgewählte Textabschnitte aus Ciceros und Senecas philosophischen Schriften, die die Philosophie der Stoa beinhalten; als mögliche Vertiefung und Erweiterung: in den Zusatzfragen angegebene Parallel- und Kontraststellen (im Original oder in Übersetzung) aus denselben Autoren und auch aus anderen wie Lukrez, Augustinus, Horaz, Vergil u. a.

c) Unterrichtsverfahren

Was das Unterrichtsverfahren in einem lateinischen Grund- und Leistungskurs im allgemeinen betrifft, sei auf die Ausführungen zum Arbeitsstil in altsprachlichen Grund- und Leistungskursen im 2. Band der „Schulreform in Bayern" S. 147 ff. hingewiesen. Zur Verwendung dieses Lektüreheftes im besonderen möchte ich noch anführen: Die vollständige und gleichmäßige Durchnahme dieser Ausgabe dürfte bei einem 5stündigen Lateinunterricht ungefähr die Hälfte eines Schuljahres in Anspruch nehmen. Wo dies nicht möglich ist, lassen sich die angeführten Grobziele auch in einer Auswahl in verschiedenen Kombinationsmöglichkeiten erreichen, ohne daß die Geschlossenheit darunter leidet. Vorschlag 1: Schwerpunkt theoretische Grundlagen: Logik: 9 Stunden, Physik: 12 Stunden, Ethik A (Voraussetzungen), die durch die ethischen Verhaltensweisen des B-Abschnittes im Lehrervortrag ergänzt werden: ca. 27 Stunden. Von den übrigen Abschnitten je nach Zeit und Neigung eine Auswahl. Vorschlag 2: Schwerpunkt praktische Ethik: Logik und Physik durch Lehrervortrag; Ethik B (Grundwerte, Grundhaltungen, die durch die anthropologischen und psychologischen Voraussetzungen des A-Abschnittes im Lehrervortrag ergänzt werden): 27 Stunden; Stoa im praktischen Leben (Ethik C): 21 Stunden. Vorschlag 3: Schwerpunkt Ethik: Logik, Physik Lehrervortrag; Ethik A (Voraussetzungen): 27 Stunden; Ethik B (Grundwerte, Grundhaltungen): 27 Stunden.

Für die Übersetzungsarbeit empfiehlt es sich, Grammatik und Wortkunde heranzuziehen, wobei besonders auf genaue, dem deutschen angemessene und differenzierte Wiedergabe philosophisch-ethischer Begriffe zu achten ist (s. alphabetisches Wortverzeichnis am Schluß des Textteils). Je nach Schwierigkeitsgrad der Texte, des Inhalts und der Art des Kurses wird der Lehrer mehr oder weniger steuernd die Übersetzung gemeinsam mit der Klasse erarbeiten, einmal statarisch, ein andermal kursorisch, oder einzelne Schüler bzw. auch eine Gruppe übersetzen lassen. Zusatzfragen, soweit sie sich auf wortkundliche und sprachliche Erscheinungen beziehen, sollten in die Übersetzungsphase gleich miteinbezogen werden. Nach Abschluß der Übersetzung eines Themas sollte die zusammenfassende Interpretation und Auswertung folgen, deren Mittel- und Höhepunkt

selbstverständlich die Aussagen des Textes sein werden. Eine zusätzliche Möglichkeit, das interpretierte Thema zu vertiefen, zu erweitern und auch die Fortschritte des Schülers zu kontrollieren, stellen die Zusatzfragen dar. Soweit sie Hinweise auf Parallel- oder Kontraststellen enthalten, können sie in Form von Kurzreferaten (als Inhaltsangabe, Kurzfassung mit Stellungnahme) von den Schülern bearbeitet werden, ebenso, soweit sie auf eine Information abzielen und Hinweise auf Sekundärliteratur enthalten. Auch solche Fragen, die sich für eine Diskussion eignen, sollten vom Lehrer in diese zusammenfassende Unterrichtsstunde eingeplant werden. Daneben besteht noch die Möglichkeit, den Inhalt der A- und C-Stücke über die Vorgeschichte des jeweiligen Problems bzw. dessen Fortwirken von Schülern vortragen zu lassen.
Dementsprechend ergeben sich als mögliche Formen der häuslichen Arbeit für die Schüler, abgestuft nach der Kursart: sprachliche Vorbereitung eines neuen Textes; vor allem für die Zusammenfassung eines Themas: Durcharbeiten des A- und C-Abschnittes durch einzelne Schüler oder eine Gruppe; Vorbereitung der zusammenfassenden Interpretation des übersetzten Textes unter evtl. Beantwortung der diesbezüglichen Fragen; Inhaltsangabe, Kurzfassung und Auswertung der in den Zusatzfragen angegebenen Begleitstellen durch alle Schüler, einzelne oder Gruppen; Kurzinformation auch fachübergreifender Art nach der angegebenen Literatur, soweit sie für Schüler erreichbar ist.

d) Lernzielkontrolle

Zur Operationalisierbarkeit des Curriculums gehört neben der Angabe der Lernziele, Lerninhalte und des Unterrichtsverfahrens auch die Lernzielkontrolle. Sie dient Lehrenden und Lernenden zunächst dazu, festzustellen, wieweit die angestrebten Lernziele erreicht sind, dann auch dazu, das Erreichte zu messen. Die Übersetzung „als ideales Trainingsfeld des analytischen, strukturierenden und kritischen Denkens" (Westphalen) soll nach wie vor in der Lernzielkontrolle ihren festen Platz behalten. Aber auch die anderen im curricularen Lehrplan verlangten Ziele, deren Erreichung viel Unterrichtszeit gewidmet wurde, dürfen nicht unkontrolliert bleiben. Dies kann durch Stellung von Zusatzfragen über den zu lesenden und gelesenen Text und dessen Problemkreis geschehen, wie ich sie im Kommentarband am Schluß des jeweiligen Themas angefügt habe. Analog dazu lassen sich für die Leistungsmessung weitere, dem Schüler noch unbekannte Fragen aus dem obigen Text oder anderen inhaltsgleichen Texten formulieren. Diese von mir nach der Lernzielmatrix zusammengestellten Fragen umfassen folgende Lernzielbereiche/Inhaltsklassen: Sprache (= S), Literatur (= L), Gesellschaft, Staat, Geschichte (= G), philosophische Grundfragen (= H). Die arabische Ziffer daneben gibt den Schwierigkeitsgrad der jeweiligen Frage entsprechend den Lernzielstufen Roths an: 1 = Wissen (Verständnis des behandelten Stoffes) 2 = Reorganisationsvermögen (Wiedergabe eines im Unterricht behandelten Stoffes unter neuen Gesichtspunkten, Gliederung); 3 = Transferfähigkeit (Übertragung auf ähnliche Aufgaben); 4 = Problemlösendes Denken (Entscheidungsfragen mit offener Antwort, kritische Beurteilung eines Gedankenganges). Als Modifizierung der obigen Frageform empfiehlt sich auch die gelegentliche Anwendung der Mehrfach-Auswahl-Aufgaben. Zur eingehenderen Orientierung über die Bedeutung und Anwendung solcher Zusatzfragen sei auf die Ausführungen von Klaus Westphalen über die „Klausur" und von Friedrich Maier über die „Stellung schriftlich fixierter Fragen im Lektüreunterricht der Kollegstufe" in der Schriftenreihe „Kollegstufenarbeit in den Alten Sprachen" (Bayer. Schulbuchverlag) hingewiesen. Die Formen der schriftlichen Leistungserhebung auf der Kollegstufe sind die Kurzarbeit und die Klausur. Über deren Definition, Umfang, mögliche Formen finden sich im schon erwähnten 2. Band der „Schulreform in Bayern" S. 34 und S. 149 f. richtunggebende Hinweise.

Literaturverzeichnis

Max Pohlenz, Die Stoa. Geschichte einer geistigen Bewegung. Vandenhoeck & Ruprecht, Göttingen 1959

Stoa und Stoiker. Die Gründer — Panaitios — Poseidonios. Eingeleitet und übersetzt von Max Pohlenz. Artemis Verlag, Stuttgart 1950

Barth-Gödeckemeyer, Stoa, 1941

L. Stein, Die Psychologie der Stoa. 1886

Samuel Sambursky, Das physikalische Weltbild der Antike. Artemis Verlag, Stuttgart 1965
Eisler, Wörterbuch der philosophischen Begriffe. 1904
Johannes Hoffmeister, Wörterbuch der philosophischen Begriffe, Verlag Felix Meiner, Hamburg 1955
Friedrich Überwegs, Grundriß der Geschichte der Philosophie. Hrsg. v. Paul Wilpert. Bd. I B. Schwabe Verlag, Berlin 1967
Johannes Hirschberger, Geschichte der Philosophie, Bd. I: Altertum und Mittelalter. Herder Verlag, Freiburg [8]1965
Curt Friedlein, Lernbuch und Repetitorium der Geschichte der Philosophie. Wilkens Verlag, Hamburg 1951
Olof Gigon, Grundprobleme der antiken Philosophie (Sammlung Dalp, Bd. 66), Francke Verlag, München 1959
Wenzl, Logik und Ontologie
Joseph M. Bochensky, Wege zum philosophischen Denken. (Herder Bücherei, Bd. 62). Herder Verlag, Freiburg 1965
Heinz Remplein, Die seelische Entwicklung des Menschen im Kindes- und Jugendalter. 15. verb. und erg. Aufl., E. Reinhardt Verlag, München 1967
Heinz Remplein, Psychologie der Persönlichkeit. Die Lehre von der individuellen und typischen Eigenart des Menschen. 5. verb. und erg. Aufl., E. Reinhardt Verlag, München 1965
Ignace Lepp, Klarheiten und Finsternisse der Seele. Neue Wege zur Psychosynthese (Arena Taschenbücher, Bd. 138/139), Arena Verlag, Würzburg
Kurt Strunz (Hrsg.), Pädagogische Psychologie für Höhere Schulen. E. Reinhardt Verlag, München 1964
Franz Schnabel, Deutsche Geschichte im 19. Jahrhundert. 4 Bde. Herder Verlag, Freiburg (Herder Bücherei, Bd. 201 - 212, 8 Bde.)
Alfons Fitzek, Geistige Grundlagen Europas. Lateinisches Lesebuch. Diesterweg Verlag
Pontes. Begleitbuch zur Lektüre nach übergeordneten Themen. Bearb. v. J. A. Mayer. Ernst Klett Verlag, Stuttgart 1968
Karl Büchner, Altrömische und Horazische Virtus in „Römische Wertbegriffe". 1939/62
Friedrich Klingner, Humanität und Humanitas in „Römische Geisteswelt". Artemis Verlag, Stuttgart 1956

Einführung

1. Die Bedeutung der Philosophie

Cic. Tusc. V, 2 § 5

indagatrix von: indagare aufspüren, erforschen – **parere 3.** hervorbringen, erfinden, schaffen – **dissipare** zerstreuen, zersprengen, **dissipati** (von Menschen) ohne gesellschaftliche Verbindung lebend – **domicilium** Wohnung, Wohnsitz – **coniugium** Ehe, eheliche Verbindung – **penitus** adv. bis ins Innerste, tief nach innen hinein, gründlich, gänzlich

Sen. ep. 90, 26–29

26: eruere 3. ausgraben, aufstöbern, ausfindig machen – **motus, -us, m.** (Tanz)bewegung – **tuba** Trompete – **tibia** Flöte, Pfeife – **exceptus** von: excipere 3. herausnehmen, auffangen – **spiritus, -us, m.** Luft, Hauch, Atem, Leben, Geist, Mut, Hochmut – **in exitu, transitu** ergänze: Luftröhre – **moliri 4.** in Bewegung setzen, schaffen

27: opifex (opus facio) Verfertiger, Bildner – **parvulus** sehr klein, unbedeutend – **assignare** anweisen, zuteilen – **dominium** Herrschaft – **vitam** Objekt zu ornantia

28: tendere 3. spannen, nach etwas zielen – **vanitas** Leere, Nichtigkeit, leerer Schein, Einbildung – **solidus** gediegen, echt, dauerhaft – **inflatus** aufgeblasen, aufgebläht – **speciosus** glänzend, in die Augen fallend, blendend, täuschend – **tumidus** (tumere 2., Tumor) anschwellend, aufgeblasen – **Lares** Hausgötter, die das Haus beschützen, auch die guten Geister der abgeschiedenen Vorfahren, deren Bilder am Larenschrein am Herd zusammen mit den Penaten stehen – **genius** Genius, nach dem Volksglauben angeborener Schutzgeist, begleitet gewissermaßen den Menschen als sein zweites Ich, der Inbegriff seiner höchsten geistigen Anlagen – **initiamenta, -orum, n.** Einweihung (in den Geheimkult), Weihen – **municipalis** zu einem Munizipium gehörig, kleinstädtisch – **reserare,** entriegeln, aufschließen, zugänglich machen – **proferre** hervorbringen, offen vorzeigen – **hebes, -etis** stumpf, schwach – **visus, -us, m.** das Sehen, die Augen

29: toti: subst. – **indere 3.** hineinsetzen, -legen, beigeben – **figurare** gestalten, bilden **excutere, -io 3.** (hin)ausschütteln, genau untersuchen – **ambiguus** schwankend, unentschieden, subst.: das Zweifelhafte

1. Das griechische Wort „philosophia" bedeutet „Liebe zur Weisheit, Streben nach geistiger Bildung im allgemeinen"; dementsprechend ist ein „philosophus" ein „Freund der Weisheit", ein „Erforscher der Natur der Dinge" (Cic. Tusc. V, 3 § 8).
2. Nach Aristoteles befaßt sich die Philosophie mit dem Allgemeinen und den letzten Prinzipien. Sie hat ihren Wert in sich selbst; ihr Ziel ist die Erkenntnis, zu welchem Zweck ein jegliches getan werden muß, und das ist das Gute. (Aristot. Metaphysik 982 a 19 - 982 b 12).
3. Die Stoiker definieren die Philosophie als „Wissenschaft von den göttlichen und menschlichen Dingen", später, besonders in der röm. Kaiserzeit, sahen sie in ihr mehr eine „ars vitae", die dem Einzelnen Maßstäbe für sein Handeln und sein seelisches Wohlergehen bieten soll.
4. Wie in der Antike gelten auch heute noch Streben nach Erkenntnis des Wesens und des Zusammenhanges aller Dinge sowie die Selbstbesinnung des Menschen auf sein eigenes Wesen, auf den Sinn seines Lebens, seine Stellung in der Welt und zu seinen Mitmenschen als wesentliche Aufgaben der Philosophie: „Philosophie ist die Lehre vom Erkennen und Wissen und die Prinzipienlehre der Einzelwissenschaften, deren Ergebnisse sie in einen systematischen Zusammenhang zu bringen hat; ihre Aufgabe ist die Begründung und der Ausbau einer Weltanschauung, die sie mit Hilfe der Ergebnisse der Einzelwissenschaften zu lösen hat" (nach Hoffmeister, S. 467).

1. Was bedeutet die Endung -trix in den Wörtern „indagatrix", „expultrix", „inventrix"? Auf welches Geschlecht weist sie hin? (S 2)
2. Welches Fremdwort kommt von „inflare"? (S 3)
3. Aus welcher persönlichen und politischen Situation heraus schreibt Cicero in obiger Stelle aus den Tusculanen u. a.: „Tibi penitus totosque tradimus", „tranquillitatem nobis largita es"? (L 4)
4. Wie definieren Cicero und Seneca an folgenden Stellen Wesen und Aufgabe der Philosophie bzw. des Philosophen? Seneca, ep. 89, 4-13, Cicero, Tusc. V, 24, 25 § 68-72 (H 2)

5. Wie sehen Karl Jaspers und Martin Heidegger die Verbindung der modernen Philosophie mit der der Griechen? (Pontes XX, 8, 9, S. 210 ff.) (H 3)
6. Warum sind nach Martin Heidegger (Pontes XX, 9) nur das Abendland und Europa in ihrem innersten Geschichtsgang ursprünglich „philosophisch", wo doch auch die Völker des Alten Orients bedeutende geistige Leistungen zeigten? (H 4)

2. Die Vorsokratiker

Cic. Ac. II, XXXVIII, 118

Thales, -is, aus Milet, 640 (624) - 546; **Anaximander, -dri,** aus Milet 611 - 546; **popularis, -e,** adj.: das Volk betreffend, volkstümlich, freundlich; subst.: Landsmann — **sodalis** guter Freund, Teilnehmer an gemeinschaftlicher Beschäftigung, Kollege — **infinitas** Unbestimmtheit, Unbegrenztheit hinsichtlich der Quantität und Qualität: *ἄπειρον* (= ápeiron) — **Anaximenes** aus Milet, 600 (586) - 525 — ergänze hier und ff. dixit — **infinitus** — **definitus** — **Anaxagoras** aus Klazomenai (nördlich von Milet) 500 - 428 — **materia** Materie, Stoff, Ursache — **particula** Teilchen (Homöomerien, teilbar bis ins Unendliche) — **minutus** (minuo 3.) zerkleinert, winzig — **confusus** (confundere 3.) vermengt, ungeordnet — **mens divina**: griech. = *νοῦς* (= nus) — **Xenophanes** aus Kolophon um 570 — um 480/75 — **conglobare** zusammenballen, kugelförmig gestalten — **Parmenides** wirkte in Elea (540) 515 - (470) 450 — **Leucippus** um 450, aufgewachsen in Milet, Schulgründung in Abdera (Thrakien) — **Democritus** aus Abdera 470/60 - 380/70 — **uber, -eris,** adj. fruchtbar, reichhaltig, gedanken-, inhaltsreich — **Empedocles** aus Akragas (Sizilien) um 495 - 435 — **pervulgatus (pervulgare)** allgemein bekannt — **quattuor**: ergänze: Elemente — **Heraclitus** aus Ephesus um 540 - um 480 — **Melissus** aus Samos, geb. um 480 — **recipere, -io** 3. zurücknehmen, entgegennehmen, aufnehmen — **Pythagorei** Anhänger des Pythagoras — **Pythagoras, -ae,** aus Samos um 565 - um 495 — **initia, -orum, n.** Grundstoff, Elemente, Anfangsgründe, Prinzip.

1. Die Vertreter der vorattischen Philosophie, die Vorsokratiker, lösen sich als erste von der Welt des Mythos, entwickeln wissenschaftliches Denken und suchen nach rationalen Antwor-

ten auf die Fragen nach dem Urgrund der Welt, dem Sein, Werden und Vergehen und der Einheit und Vielheit.
2. Die milesische Schule (Thales, Anaximander, Anaximenes) nimmt einen einzigen und allen Dingen gemeinsamen Urstoff an, dem ein belebendes und ordnendes Prinzip innewohnt (Hylozoismus).
3. Anaxagoras postuliert eine Vielheit von unvergänglichen, unveränderlichen Wesenheiten, aus deren Mischung und Trennung er Werden und Vergehen erklärt; all dies aber beherrscht und ordnet der von der Materie getrennte Geist (νοῦς = nus).
4. Xenophanes dagegen lehrt die Einheit aller Dinge in Gott und negiert den Anthropomorphismus.
5. Bei Parmenides vertritt das ätherische Feuer als das alles bewirkende Prinzip das absolut Seiende im Gegensatz zur Welt des Scheins.
6. Leukipp und Demokrit unterscheiden zwei Arten von Existenz: das Volle (= die Atome) und das Leere.
7. Empedokles begründet die Lehre von den vier Elementen, oberstes Weltgesetz ist für ihn die „Notwendigkeit" (ἀνάγκη = anángke, eine Art fatum).
8. Heraklit nimmt das Feuer als das Urprinzip an. „Krieg und Streit führen aus dem Urfeuer zum Werden der Welt, Eintracht und Friede zur Rückkehr der Welt ins Urfeuer." „Aller Wechsel wird beherrscht von einem einheitlichen Weltgesetz, dem Logos."
9. Melissos, wahrscheinlich ein Schüler des Parmenides, lehrt das in Zeit und Raum unbegrenzte Sein.
10. Pythagoras sieht das Wesen aller Dinge in der Zahl; außerdem geht auf ihn die Lehre von der Seelenwanderung zurück.

1. Versuchen Sie, nachdem Sie die Herkunftsorte der Vorsokratiker nachgeschlagen haben, zu erklären, was die Entwicklung der Philosophie gerade in jenem Gebiet, aus dem die meisten Vorsokratiker stammen, begünstigt haben könnte! (G 4)
2. Zählen Sie die einzelnen Vorsokratiker und daneben den jeweils von ihnen angenommenen Urstoff auf! (H 2)
3. Mit welchen Problemen haben sich diese Vorsokratiker

hauptsächlich beschäftigt? Welche Problemkreise wurden von ihnen also vernachlässigt? (H 2)
4. Was verstanden sie also unter „Philosophie"? (H 2)

3. Sokrates, Platon, Aristoteles

Cic. Ac. I, IV, 15–18

15: Socrates aus Athen 469 - 399 – **id quod** (auf den ganzen Satz bezogen) = was – **involutus** (involvere 3.) verhüllt, in Dunkel gehüllt – **occupatus** (occupare) beschäftigt – **communis** gemeinsam, allgemein, überall üblich, **communis vita**: ein Leben, wie es unter Menschen üblich ist, Lebensart, prakt. Leben – **cognitio** das Erkennen, Erkenntnis
16: conferre zusammentragen, -bringen, beisteuern – **perscribere 3.** genau niederschreiben, sorgfältig aufzeichnen – **copiosus** reich, wort-, gedankenreich, ausführlich – **refellere 3.** widerlegen – **consumere 3.** aufbrauchen, gebrauchen, verwenden, zubringen
17: Plato aus Athen 427 - 347, Schüler des Sokrates, Begründer der Akademie – **varius** verschieden, vielseitig, mannigfach begabt, gewandt – **multiplex** vielseitig – **consentire** übereinstimmen, **consentiens** übereinstimmend – **vocabulum** Benennung, Bezeichnung – **Academici** Vertreter der Philosophenschule Platons, der „Academia", benannt nach dem attischen Heros Akademos – **Peripatetici** Peripatetiker, Vertreter der Schule des Aristoteles – **Speusippus** Neffe Platons, dessen Nachfolger als Leiter der Akademie – **doctrina** Belehrung, Unterricht, Einzelwissenschaft, Gelehrsamkeit – **Xenocrates** aus Chalcedon, der 3. Schulleiter der Akademie – **Aristoteles** aus Stageira 384 - 322, Schüler Platons, zunächst Erzieher Alexanders d. Gr., dann Begründer einer eigenen Philosophenschule – **inambulare** auf- und abgehen – **Lyceum** (Lycium) heiliger Bezirk des Apollo Lykeios, in dem die Schule des Aristoteles lag ➝ Name für die Schule des Aristoteles – **institutum** Einrichtung, Sitte, Gewohnheit – **disciplina** schulmäßiger Unterricht, Unterweisung, Lehrmethode, philos. Schule, System, Wissen; Zucht – **formula** Regel, Grundsatz, Schema – **affirmatio** zuverlässige, wahre Behauptung (Gegensatz dubitatio) – **ars** Kunstfertigkeit, wissensch. System – **descriptio** Abzeichnung, Beschreibung, Einteilung

18: partitio Teilung, Einteilung, Gliederung (Diese Darstellung von der Einheit der Lehre Platos u. Aristoteles' ist dem Akademiker Antiochus entlehnt)

1. Forschungsobjekt des Sokrates ist der Mensch.
2. Sokratische Methode im Dialog: Sokratische Ironie (= Anschein von Unwissenheit), Prüfung und Überführung des Gesprächspartners (ἐξέτασις = exétasis und ἔλεγξις = élengxis), Maieutik (Hilfe beim Gewinnen neuer Erkenntnisse).
3. Ziel des Sokrates: Mitmenschen zu Allgemeinbegriffen und zu Tugendwissen zu führen, um sie innerlich zu bessern.
4. Platon hält die Anschauungen seines Lehrers Sokrates in vielen Schriften fest und baut sie zu einem System aus: die Ideen sind das eigentliche Seiende der Welt, die Erscheinungen der Ideen in der Sinnenwelt sind wandelbar und vorübergehend. Die Seele hat durch ihre sinnlichen Fähigkeiten Anteil an der Sinnenwelt, durch die Vernunft Anteil an der Ideenwelt, in die sie als unsterbliche zurückkehren soll. Ein Weltschöpfer (Demiurg) hat durch Mischung von Idee und Materie die Weltseele geschaffen. Erkenntnis kommt durch Wiedererinnerung an die schon vor der Geburt geschauten Ideen zustande (Anámnesis). Gegensatz Leib–Seele.
5. Die Akademie, die Schule Platons: ihre Leiter bzw. Hauptvertreter:
a) ältere Akademie: Speusippos, Leiter von 347 - 338, Xenokrates, Leiter von 338 - 314, Polemon, Leiter von 314 - 269
b) mittlere Akademie: Arkesilaos 315 - 241, Karneades 214 - 129,
c) neuere Akademie Philon von Larissa 87 v. Chr. in Rom, Antiochos von Askalon, bei dem Cicero 79 v. Chr. hörte.
Die primitive Gläubigkeit der älteren Akademie wird abgelöst durch eine kritisch-skeptische Haltung der mittleren Akademie auf dem Gebiet der Logik, Erkenntnislehre und Ethik. Die Vertreter der neueren Akademie nähern sich der Stoa, so daß Akademie, Peripatos und Stoa in vielen Punkten die gleiche Anschauung vertreten.
6. Aristoteles, der Begründer des Peripatos, ist der Schöpfer der Logik; die Ideen betrachtet er als die in dieser Welt tätigen Kräfte und formenden Prinzipien. Die Dinge bestehen aus Stoff und Form, wobei er der Form als dem aktiven, zielstrebigen

Teil (Entelechie) höhere Bedeutung zuerkennt. Die ganze Welt ist ein Stufenreich von Zwecken, der irdische Naturzweck ist der Mensch. Gott ist die höchste Stufe, der unbewegte Beweger, der alles durchdringt und zielbewußt leitet.

7. Der Peripatos, die Schule des Aristoteles: a) die wichtigsten Vertreter des älteren Peripatos: Theophrast von Eresos auf Lesbos, Leiter von 322/21 - 288/7, Eudemos von Rhodos, Dikaiarchos von Messene, um 350 - 290, Aristoxenos von Tarent, um 370 - 300. Sie pflegen vor allem das Studium der Erfahrungswissenschaften (Naturwissenschaften, Geschichte, Literatur), die Ehtik wird populär abgehandelt.

b) die wichtigsten Vertreter des Peripatos in der hellenistisch-römischen Zeit: Straton von Lampsakos, Physiker, von 287 - 269 Schulleiter, Aristarch von Samos, Astronom (heliozentrisches System), Kritolaos 155 v. Chr. in Rom, Diodoros von Tyros um 150 v. Chr.

1. Welches im o. Text vorkommende lat. Verbum entspricht dem aus dem Griechischen kommenden „Peripatetiker“? (S 3)
2. Übersetzen Sie folgende Gerundiva aus diesem Text mit einem stilistisch angemessenen deutschen Ausdruck: „oratio in virtute laudanda et in hominibus cohortandis consumebatur“ — „eadem rerum expetendarum fugiendarumque partitio“. (S3)
3. Suchen Sie im o. Text und aus Cic. de fin. II, 1 § 2 nach lat. Ausdrücken, die die sokratische Methode im Dialog kennzeichnen! (S 2, H 2)
4. Wie lautet der Ihnen schon bekannte und auch in obigem Text vorkommende Ausspruch des Sokrates? Erklären Sie ihn! (H 1, H 3)
5. Auf wen werden nach obiger Stelle die Schulen Platons und des Aristoteles zurückgeführt? (H 2)

4. Epikur

Cic. de fin. I, 6 § 17; 7 § 22, 23

17: Epicurus aus Samos 341 - 270, Begründer der epikureischen Philosophie — **physica, -ae** oder **physica, -orum**, Naturlehre — **alienus** fremd, einem anderen gehörig, von einem anderen abhängig, nicht selbständig — **Democritus** aus Abdera um 470/60 - 380/70 Begründer der Atomlehre — **Democritea,**

-orum Lehrsätze des Demokrit — **depravare** verdrehen, verschlechtern — **atomus, -i, f.** Atom — **soliditas** Festigkeit, Dichte — **inane, -is, n.** das Leere, leerer Raum — **concursio** das Zusammentreffen, -stoßen — **cohaerescere 3.** sich aneinanderhängen — **convenire** zusammenkommen, zustandekommen — konstruieren Sie: **censet-intellegi** (= sich denken, vorstellen) -**convenire**

22: quaerere 3. wissenschaftlich untersuchen — **disserere 3.** gesprächsweise auseinandersetzen, in systematischer, wissenschaftlicher Weise erörtern, abhandeln — **nudus** nackt, hilflos, bloß — **definitio** Begriffsbestimmung — **concludere 3.** logisch schließen, folgern — **ratio** Beweisgrund, -führung, Schlußfolgerung, Schluß — **captiosum** Trugschluß — **probari alicui** jds. Beifall gewinnen, jd. beifallswert erscheinen

23: vel beim Superlativ! — **sciscere 3.** beschließen, billigen — **referre** zurücktragen, -führen, beziehen, bemessen

1. Epikur übernimmt die Atomlehre Demokrits und erklärt damit den ganzen Weltprozeß: durch zufällige Abweichung einzelner Atome von der geraden Fallinie kommt es zu einem Zusammenprall der Atome, was dann zu einer Wirbelbewegung führt, durch welche sich die Welten bilden.
2. Alles Erkennen ist nur Sinneswahrnehmung.
3. Das höchste Gut, die Glückseligkeit, besteht für Epikur in der maßvollen, dauernden Lust und der Freiheit von Schmerz. (Cic. de fin. II, 3 § 9)

1. Welches lat. Wort des o. Textes entspricht dem Fremdwort „Atom“? (S 3)
2. Übersetzen Sie in gewandter Ausdrucksweise „atomos, quas appellat“! (S 2)
3. Nennen Sie die drei Teile der Philosophie, wie sie sich auch aus o. Darstellung ergeben, die beiden ersten auch mit den lat. Bezeichnungen! (H 2, S 2)
4. Was war nach Lukrez I, 62 - 83 und II, 1 - 46 Ausgangspunkt und Hauptanliegen der epikur. Philosophie? (H 3)
5. Welche Stellen der Horazsatire II/6 enthalten epikureische Lebensweisheit? (L 3, H 2)

I. Logik und Erkenntnislehre

1. Der Logos, das gestaltende geistige Prinzip, bestimmt die Gesetze des Denkens und Handelns

Cic. de fin. II, 14, § 45 - 46

45: mens Summe der geistigen u. seel. Fähigkeiten u. Kräfte im Gegensatz zum Körper oder einzelne geistige u. seel. Fähigkeiten: Geist u. Seele hinsichtlich ihres Denkvermögens; der denkende Geist, Geisteshaltung, die Gefühl und Willen beherrscht — **vigere 2.** lebenskräftig sein, stark sein, sich regen, lebhaft sein — **ut ita dicam** sozusagen — **sagax** scharfsinnig — **consecutio** Folge, Folgerung — **similitudo** Analogie — **copulare** zusammenkoppeln, verbinden, verknüpfen — **status, -us, m.** Stand, Zustand, Lage — **hominum appetens** vgl. **gloriae appetens — usus, -us, m.** Gebrauch, Benützung, Umgang, Praxis
46: cupiditatem: veri videndi — periurium Meineid, Eidbruch

A: 1. Bei Homer bedeutet *νοῦς, νοεῖν* (= nus, noein) eine rein geistige Funktion, die von der sinnlichen Wahrnehmung geschieden ist.
2. Parmenides: der denkende Geist ist ohne sinnliche Organe tätig und kann ohne äußere Erfahrung das wahre Sein erfassen.
3. Heraklit: Erkenntnis der Außendinge ist nur durch den Logos möglich, weil im Menschen und im Kosmos derselbe Logos waltet, der das äußere Geschehen nach der gleichen Gesetzmäßigkeit wie unser Denken lenkt.
4. Platon: der Geist allein schaut die aller Sinnlichkeit entrückten Ideen.
5. Aristoteles unterscheidet von der Seele den Geist als das vernünftige Prinzip im Menschen.
6. Die Bedeutung des Wortes „Logos" umfaßt dagegen auch noch die Beziehung des Menschen zur Außenwelt, da bei dem mitteilsamen Wesen der Griechen das Denken auch immer ein Gespräch (*λέγειν* = legein = sprechen) mit sich selber oder anderen war (Platon, Theait. 189 e f.; Sophist. 263 e f.)

B: 1. Bei Zenon ist der Logos nicht nur denkende und erkennende Vernunft, sondern enthält auch den Impuls zum Wirken; er ist das geistige Prinzip, das die Welt nach einem festen Plan gestaltet (Pohlenz, Stoa S. 35):
a) in der Logik offenbart er die Formen und Gesetze unseres Denkens und Erkennens
b) die Physik zeigt, wie der Logos als schöpferisches Prinzip den Kosmos gestaltet
c) in der Ethik weist der Logos den Menschen ihr Lebensziel.

C: Bei Philon von Alexandria hat der Logos dieselben Funktionen wie die stoische Weltvernunft, die die Welt erschaffen hat, sie erhält, alles regelt und die Welt zusammenhält. In der christlichen Logostheologie lebt die göttliche Weltvernunft als das die sinnliche Welt gestaltende Prinzip fort; der Logos wird zum Mittler zwischen Gott und der Welt = gottgesandter Erlöser. Für Clemens ist Christus die menschgewordene Vernunft Gottes. Laktanz meint: „Melius Graeci λόγον = lógon dicun quam nos verbum sive sermonem: λόγος = logos enim et sermonen significat et rationem, quia ille est vox et sapientia Dei (Div. inst. IV, 9)

1. Bemühen Sie sich, ausgehend von der wörtlichen Bedeutung von „serpat" und „implicet", sachgerecht und mit einem angemessenen deutschen Ausdruck diese zwei Verba zu übersetzen! (S 3)
2. Welcher Begriff nimmt also in der Philosophie der Stoa, soweit schon jetzt erkennbar, eine zentrale Stellung ein? (H 1)
3. Welche drei Tätigkeiten werden dem Logos zugeschrieben? (H 1)
4. Informieren Sie sich aus der RE „Logos" über die Logosphilosophie (H 1)
5. Versuchen Sie anschließend den Anfang des Johannesevangeliums („Am Anfang war das Wort . . .") in die geistigen Zusammenhänge jener Zeit einzuordnen! Welche Stelle stimmt mit der Auffassung der Stoa vom Logos vollkommen überein? (G 3, H 2)

2. Die Sprache als Ausdrucksform des Logos

Cic. de re publ. III, 2 - 3 (bei Laktanz)

2: mutus stumm, ohne Sprache (von Geschöpfen, die die menschl. Sprache nicht besitzen, sondern nur unartikulierte Laute von sich geben) — **conferre** (multum, plus, plurimum) zu etwas beitragen, dienlich sein
3. eadem: ergänze: ratio — **inconditus** ungeordnet, wirr — **incohatus** (incohare) (nur) angefangen, unvollendet, unentwickelt — **confusus** (confundere 3.) vermengt, verworren — **incidere 3.** einschneiden, Einschnitt machen — **imprimere 3.** hineindrücken, aufdrücken — **dissociare** trennen, **dissociatus** vereinzelt (leben) — **notis:** von nota, -ae, Merkmal, Zeichen, Schriftzeichen — **indicium** Anzeige, Aussage — **cum - tum** sowohl - als insbesondere

A: 1. Schon bei den Sophisten wurde die Fragen nach dem Ursprung der Sprache erörtert, ob die Namen die Dinge auf Grund einer naturgegebenen Ordnung bezeichnen oder auf Grund einer Übereinstimmung und Gewohnheit.
2. Platon war der Meinung, der Mensch sei auf Grund seiner Naturanlage befähigt, den von ihm erkannten Dingen eine ihrer Natur entsprechende Benennung zu geben, deren Durchführung die Aufgabe einer idealen Sprachschöpfung sei; er konstatiert aber in der bestehenden Sprache ein starkes Überwiegen des Konventionellen.
3. Aristoteles dagegen vertritt die Anschauung, die Wortbildung sei nach willkürlicher Übereinkunft und aus rein zufälligen Gründen geschehen. Worte dienen lediglich als Zeichen, durch die wir die Dinge nach ihrer Eigenart benennen.
4. Für Epikur besteht zwischen menschlicher Rede und Tierstimme nur ein gradueller Unterschied.

B: 1. Der von der bewegten Luft gebildete Ton (= Stimme) wird beim Tier vom Affekt („Gleich-als-ob-Sprache"), beim Menschen vom Verstand (= Sprache, Logos) hervorgebracht. Nach dem Stoiker Diogenes von Babylon ist die Sprache eine artikulierte und vom Denken ausgesandte Stimme.
2. Für die Stoa sind die Namen vom menschlichen Logos durch einen bestimmten Willensakt gegeben, sie sind aber zugleich natürlichen Ursprungs, weil die beigelegten Bezeichnungen der Physis der benannten Dinge entsprechen (Pohlenz, Stoa S. 41)
3. Die Sprache ist nach der Anschauung der Stoa einer der acht Seelenteile.
4. Durch die Intensivierung der Sprachforschung wurden die Stoiker zu Wegweisern der späteren Grammatiker und Schöpfern sprachlicher Terminologie (Flexions-Kasus-Tempuslehre, Partizip).

C: Den Sprachidealismus, wonach die Sprache als Erscheinung der Idee, des Logos, der Vernunft selbst und als Offenbarung eines absoluten und göttlichen Grundes verstanden wird, vertreten neben der Stoa in späterer Zeit der Neuplatonismus u. das Christentum. Im Mittelalter meint Abaelard: sermo generatur ab intellectu et generat intellectum. Auch Herder betont den natürlichen Ursprung der Sprache („Sprache ein Ausdruck und Organ des Verstandes"). Nach Humboldt ist der Mensch nur Mensch durch die Sprache, aber um die Sprache zu erfinden, müßte er schon Mensch sein. Heidegger nennt die Sprache den „Grund des Menschseins, der es dem Menschen ermöglicht, in die Lichtung des Seins zu treten, d. h. zu ek-sistieren."

1. Worin sehen also die Stoiker den wesentlichen Unterschied

zwischen Mensch und Tier, wenn sie diese mit „mutis" bezeichnen? (S 2, H 2)
2. Erklären Sie
a) die Bezeichnungen für die einzelnen Fälle: Genitiv, Dativ, Akkusativ und ihre Funktionen! (S 2)
b) was die Tempora neben der Zeitbestimmung noch aussagen? (S 1)
3. Warum beschäftigte sich gerade der Nichtgrieche Zenon mit der Erforschung des systematischen Sprachbaues? (G 3)
4. Inwiefern ist die sprachliche Ausdrucksweise Gradmesser für das geistige Niveau? (H 4)

3. Logik, die Lehre vom Begriff, Urteil und Schluß

Cic. de fin. IV, 4 § 8 - 9

8 ratio Berechnung, Denken, Methode, System; **ratio disserendi** Dialektik – **conferre ad aliquid** auf etwas ausrichten – **gestire** ausgelassen sein (vor Freude), heftig verlangen, – **nihil erat, quod**: gemeint ist die formale Logik, nicht die Erkenntnislehre – **valere ad** imstande sein zu, dienen, sich auf etwas beziehen – **ars** Kunst(-fertigkeit), pl.: Verfahren, Theorie, Regeln – **res:** hier Begriff – **contrarius** entgegengesetzt – **contrarium** Gegenteil, Gegensatz, disjunktive Begriffe

9 argumenta ratione concludentia vernunftgemäß schließende Beweise, Vernunftschluß – **caput** Kopf, Sitz, das Oberste, Hauptsatz/Obersatz (beim Schluß) – **perspicuus** deutlich, offenbar, evident – **ordinem sequi** die richtige Folge der Untersätze beachten – **conclusio** Schluß, Schlußsatz – **captiosus** betrügerisch, verfänglich, sophistisch – **captiosum** Trugschluß – **interrogatio** Befragung, Schlußfolgerung in Frageform, Schluß, Syllogismus – **dialectici** Dialektiker: **dialectica, -orum,** n. Dialektik, Kunst wissenschaftlicher Disputation, dialektische Fragen, Untersuchungen, Logik – **instituere 3.** einrichten, beginnen

A: 1. Sokrates war der erste, der in seinen Gesprächen sich um Begriffsbestimmungen bemühte.
2. Platon definierte „Begriff" (λόγος = lógos) als eine allgemeine Vorstellung von einer bestimmten Idee, die das eigentlich Seiende ist, und legte auch die Grundlagen für die Lehre vom Urteil.
3. Für Aristoteles war die Logik (bei ihm Analytik) die methodische Propädeutik zur Philosophie. Begriff ist nach ihm das, von dem was

ausgesagt wird, als auch das, was ausgesagt wird; alle **Begriffe** lassen sich gewissen obersten Begriffen (Kategorien) unterordnen (Substanz, Quantität, Qualität, Ort, Zeit . . .); dem Inhalt und dem Umfang nach gibt es übergeordnete Begriffe (Gattungsbegriffe = genus) und untergeordnete (Artbegriffe = species) und nebengeordnete. Ein Begriff wird abgegrenzt (definiert) durch den nächstübergeordneten und die Angabe des wesentlich unterscheidenden Artmerkmals. Als Definitionssurrogate (= behelf) gibt es u. a. auch das der Analogie (durch Vergleichung und Unterscheidung). Das **Urteil** (λόγος = lógos) ist eine Aussage, in der ein Begriff, über den etwas ausgesagt wird (Subjekt), verbunden wird mit einem Begriff, der angibt, was über den Begriff ausgesagt werden soll (Prädikat). Jedes Urteil ist der Quantität nach allgemein oder individuell, der Qualität nach bejahend oder verneinend, der Modalität nach apodiktisch („muß sein"), assertorisch („ist") oder problematisch („kann sein"). Kernstück der Logik des Aristoteles ist die **Syllogistik** (Lehre vom Schluß): er ist eine Ableitung eines Urteils aus einem anderen, bestehend aus einem Obersatz (caput) und Untersatz (Obersatz + Untersatz = Prämissen), von denen einer evident (perspicua) sein muß + einem Schlußsatz (conclusio).

B: 1. Die Stoiker haben die Bezeichnung „Logik" eingeführt, die für sie einer der drei Teile der Philosophie ist.
2. Die Logik teilten sie ein in die Dialektik (Lehre von der Sprache, der Erkenntnis und der umgebildeten aristotelischen Logik) und in die Rhetorik, die sie nicht sonderlich pflegten.
3. Die Stoiker haben zwar die aristotelische Logik übernommen, sie aber in einigen Punkten weiter ausgebaut: die Urteile ergänzten sie durch die disjunktiven (entweder - oder), die hypothetischen (wenn die und die Voraussetzung gegeben ist, dann gilt dies und dies) und die kopulativen (sowohl - als auch), die Schlußfiguren erweiterten sie durch die disjunktiven, hypothetischen und Kettenschlüsse.

C: In der Begriffslehre vertrat im Mittelalter Anselm von Canterbury wie Platon die Anschauung, daß der Begriff eine allgemeine Vorstellung einer Idee ist, die den realen Dingen vorangeht (ante rem), der Nominalismus dagegen faßte den Begriff als Namen auf, mit dem eine Vielfalt von realen Merkmalen zusammengefaßt wird (post rem). Thomas von Aquin wiederum versuchte 3 Standpunkte zu vereinigen: Universale ante rem ist die Idee Gottes vor der Schöpfung, die Universalia in re sind die Wesen, die in der wirklichen Schöpfung angetroffen werden, die Universalia post rem ergeben sich für unser Bewußtsein im abstrakten Denken. Für Descartes sind die Begriffe Allgemeinvorstellungen, die das Wesen der Dinge enthalten, auch bei Kant ist der Begriff eine Allgemeinvorstellung dessen, was mehreren gemein ist, für Hegel schließlich bedeutet Begriff das Wesen der Dinge selbst. Zwei Richtungen also sind in der Philosophiegeschichte erkennbar: beide sind sich einig, daß zum Begriff die Bezeichnung, das Wort, der Name gehört; für die eine ist der Begriff der Name für Gegenstände objektiver Art, für die andere ist der Begriff der Name für Gegenstände subjektiver Art, für Bewußtseinsinhalte, Vorstellungen, Allgemeinvorstellungen, Gedanken (Wenzl). Der Lehre vom Schluß des Aristoteles stellt im Mittelalter Francis Bacon sein „Novum Organon" entgegen, in dem er die Regeln des induktiven Schlußverfahrens entwickelt. Nach Kant muß man sich, um die letzten Gründe des Daseins zu erforschen, der Schlüsse bedienen, deren Ergebnisse reine Vernunftbegriffe sind, die sich auf nicht erfahrbare Gegenstände beziehen.

1. Welche philosophische Disziplinen sind mit „disserendi ratio" und „cognitio naturae" gemeint? Auf welchen Teil der Philosophie wird mit „de summo bono" hingewiesen? (S 2, H 2)
2. Prägen Sie sich genau folgende Fachausdrücke aus der Logik ein! Dialektik – Begriff – Begriffsbestimmung – Gegensatz – Beweis – Schluß – Obersatz – Trugschluß – evident. Was bedeuten sie inhaltlich, wie lautet ihre lat. Bezeichnung? (S 2, H 2)
3. Versuchen Sie die Begriffe „Trapez", „Roman", „Totschlag" zu definieren! (H 2)
4. Welche Art von Urteil liegt vor in dem Satz: 35 ist durch 5 teilbar oder durch 7.
5. Auf welchen Gebieten führte und führt das Schlußverfahren zu praktischen und sicheren Ergebnissen? (H 3)
6. Kann uns die Wissenschaft mit Hilfe des Schlusses immer sichere Aussagen liefern? (H 4)
7. Informieren Sie sich über den Bedeutungswandel des Wortes „Dialektik", besonders, was Hegel und Karl Marx unter „dialektischem Prozeß" verstehen. (S 3, H 3)

4. Die sinnliche Wahrnehmung: Ausgangspunkt der Erkenntnis

Cic. Ac. I, XI, 40 - 42; Cic. de fin. V, 21 § 59

40: sensus, -us, m. Sinn, Sinneswahrnehmung – **iunctos** (nicht gesicherte Lesart) dafür auch: **punctos** von pungere, 3. pupugi, punctum stechen, eindringen, berühren – **impulsio** Anstoß, äußere Anregung, Einwirkung – **extrinsecus** von außen – **visus, -us, m.** Anblick, Erscheinung, Wahrnehmung – **visum, -i, n.** die durch Sinneseindrücke von außen entstandene Vorstellung, Phantasiebild – **animus** menschliche Seele als Inbegriff aller Seelenkräfte oder als Prinzip des Denkens, Empfindens, Begehrens – **voluntarius** freiwillig, was mit freiem Willen geschieht – **41: declaratio** von declarare = deutlich zu erkennen geben, klar ausdrücken, zeigen – **comprehensibilis** erfaßbar, auffaßbar (mit den äußeren Sinnen und Geist) – **comprehensio** das Begreifen, Ergreifen, Zusammenfassung, Verknüpfung, der Begriff – **convellere 3.** losreißen, umreißen, erschüttern – **opinio** Meinung, Einbildung, subjektive Ansicht

42: cadere in aliquem anheimfallen, zufallen, (= wahrgenommen werden) – **norma** Richtschnur, Maßstab, Regel – **notio** Kenntnisnahme, Kenntnis, Begriff, Vorstellung – **principium** Anfang, Ausgangspunkt, pl.: Grundlehren – **quidam, quaedam, quoddam** ein gewisser, gewissermaßen, gleichsam, sozusagen – **ratio** Berechnung, Überlegung, wissenschaftliches Problem, theoret. Kenntnisse – **temeritas** Unbesonnenheit, unüberlegtes Urteil – **opinatio** Vermutung, Einbildung – **suspicio** Vermutung, Ahnung – **assensio** Zustimmung, philosoph.: das Fürwahrhalten der Sinneserscheinungen

59: perficere, -io 3. vollenden, fertigmachen, ausführen – **sane** fürwahr, in der Tat, allerdings – **adiumentum** Hilfsmittel, Hilfe – **adventicius** (von welchem Verbum?) äußerlich – **confirmatio** (Be)festigung, (Be)kräftigung – **deserere 3.** verlassen, vernachlässigen – **etsi** im Hauptsatz: indes, gleichwohl – **notitia** das Bekanntsein, Kenntnis, Begriff, Vorstellung – **elementum** Grundstoff, pl.: Anfangsgründe

A: 1. Von den Vorsokratikern unterscheiden zuerst die Eleaten (Parmenides) zwischen sinnlicher Wahrnehmung und abstrakter Vernunft (αἴσθησις = aisthesis – νους = nus)

2. Heraklit bezeichnet die Allvernunft als das einzig Objektive und Absolute.

3. Bei Empedokles fallen Denken und Empfinden zusammen; auch die Atomisten lassen Denken und Wahrnehmen den gleichen Atombewegungen entspringen.

4. Der Sophist Protagoras leugnet die Möglichkeit allgemeingültiger Erkenntnis: es gibt kein Wissen, sondern nur ein Meinen (Skeptizismus).

5. Platon stellt der sinnlichen Wahrnehmung die rationale Erkenntnis gegenüber, die unabhängig von jener das wahre Sein schaut.

6. Aristoteles lehrt: die Vernunft ist auf Erkenntnis hin angelegt, die Erfahrung ist Stoff der Vernunft. Denken geht aus der Erfahrung hervor, das die Einzelerscheinungen zu Begriffen erhebt.

B: 1. Wahrnehmung und Denken beruhen auf dem Verhalten und dem Tonus (Spannungszustand) der Denkseele (ἡγεμονικόν = hegemonikón), die der Mensch mit auf die Welt bringt.

2. Wahrnehmung (αἴσθησις = aísthesis) kommt zustande, wenn die Sinne durch Berührung oder Ausstrahlung (impulsione) von dem wahrgenommenen Gegenstand affiziert werden.
3. Der darauf aus der bewußten Beobachtung des Wahrnehmungsobjektes hervorgehende erste Eindruck im Zentralorgan der Seele ist die Vorstellung (φαντασία = phantasía = visum).
4. Sind gewisse Voraussetzungen erfüllt (normale Sinnesorgane, räumliche und zeitliche Nähe zwischen Objekt und Subjekt) und hat die Vorstellung ein klares und deutliches Abbild (declaratio) des realen Außendinges geliefert, wodurch erst eine genaue Erfassung ermöglicht wird (comprehensibile), wird der Verstand auf Grund seines Urteils und freien Willens zustimmen (assensio + voluntas) oder ablehnen.
5. Diese Anerkennung (Erfassung = Katalepsis) durch den Logos ist nach Zenon noch nicht das feste Wissen, wohl aber die Norm des Erkennens, das Kriterium des Wahren und Falschen, erst die Voraussetzung für theoret. Wissen, das schließlich unerschütterlich ist und vom Verstand nicht mehr umgestoßen werden kann (convelli ratione non potest).
6. Daraus bildet dann die abstrahierende Vernunft durch systematische Zusammenfassung, Vergleich, Analogie u. a. empirische und abstrakte Begriffe sowie die Künste, deren höchste und wichtigste die Philosophie, die Lebenskunst, ist.
7. Da aber die empirischen Begriffe allein nicht zur völligen Erfassung der sittlichen Welt, der Erkenntnis des Guten, der Gottheit ausreichen, haben die Stoiker ihre sensualistische Erkenntnislehre ergänzt: vermöge seiner Gottgemeinschaft bringt der Mensch eine bestimmte seelische Disposition, Keime zum Wissen (notiones communes), mit auf die Welt, die ihn befähigen, Allgemeinvorstellungen zu bilden, gewisse ethische und metaphysische Grundbegriffe aufzufinden und anzuerkennen.

C: Tertullian nimmt die Empfindung als Grundlage der Erkenntnis an, als zweite Quelle auch die angeborene Vorstellung (Vorstellung Gottes). Augustinus betrachtet körperliche Sinne und Vernunft als Mittel der Erkenntnis. Von den Philosophen der Neuzeit unterscheidet Descartes drei Stufen der Erkenntnis: als niederste die Meinung (opinio), dunkel und verworren, dann eine klarere und deutlichere, die durch eine Aktion des Geistes unter Anwendung der Allgemeinbegriffe zustandekommt, schließlich als höchste Stufe die Erkenntnisse, die die Seele rein aktiv aus sich entwickelt, ohne Hinzuziehung von Empfindungen. Ähnliche

Anschauungen vertritt auch Spinoza: zuerst ruft die Empfindung in der Seele eine Vorstellung hervor, wobei die Seele passiv bleibt, erst im zweiten Stadium wird die Seele aktiv und verarbeitet die Vorstellungen unter Anwendung der Denkgesetze. Voraussetzung aber für höhere Erkenntnis sind die Allgemeinbegriffe, die ewigen Wahrheiten und angeborenen Ideen. Nach Locke und Hume dagegen verdanken wir unser Wissen und unsere Vorstellungen allein der Erfahrung (die Seele eine tabula rasa, „nihil est in intellectu, quod non ante fuerit in sensu").

1. Welches ist die wörtliche Bedeutung von „comprehendere"? (S 1)
2. Mit welchem Bild erklärt nach Cic. Ac. II, XLVII, 145 Zenon die übertragene Bedeutung dieses Wortes? (S 3)
3. Welches Wort entspricht dem „comprehendere" im Französischen und Italienischen? Welche Bedeutungen hat es in diesen Sprachen? (S 3)
4. Skizzieren Sie nach obigem Text die einzelnen Phasen des Erkenntnisvorganges und prägen Sie sich auch die lat. Ausdrücke dafür ein? (H 2)
5. Welche in der Philosophiegeschichte nicht unbedeutende Richtung der Erkenntnislehre stellt Cic. in Ac. I, XII, 44 - 45 vor? (H 3)
6. Worin besteht der Unterschied zwischen dieser und der Stoa? (H 3)
7. Wie kommen wir nach Sen. ep. 120, 1 - 5 zum Begriff des Guten und Sittlichen? (H 3)
8. Die Erkenntnislehre Descartes' nach Fitzek, Geistige Grundlagen Europas, Nr. 117! (H 3)
9. Welche Aufgaben haben nach den bisherigen Ergebnissen Logik und Erkenntnislehre innerhalb der Philosophie? (H 2)

II. Physik

1. Causa et materia: eine Einheit

Sen. ep. 65, 2 - 3

2. cessare zögern, untätig sein, stillstehen – **producere 3.** hervorführen, -bringen, erschaffen
3. transferre hinübertragen, übertragen

A: 1. Gewisse Vorsokratiker stellten sich den Urstoff (Materie) nicht als nur passiv, sondern als beseelt vor (Hylozoisten).
2. Empedokles unterscheidet erstmals zwischen Stoff einerseits und Kraft andererseits.
3. Platon trennt zwischen der starren, toten, unbewegten, nichtseienden Materie und den Ideen als dem eigentlich Seienden in der Welt, den treibenden, belebenden und tätigen Kräften.
4. Bei Aristoteles ist der Stoff ebenfalls das tote, unbewegte Prinzip in den Dingen, die Form das treibende, bewegende; die Form besteht aber nicht für sich, sondern erst der geformte Stoff macht die Wirklichkeit aus. Jedes Seiende bedarf also sowohl eines Stoffes, einer Materie, als Grundlage, wie auch einer Form, die als gestaltendes Prinzip wirkt.

B: 1. Stoff und Kraft (Materie und Geist, das Leidende und Wirkende) sind keine Gegensätze im Sinne eines Dualismus, sondern eine immanente Einheit; ihre gemeinsame Quelle ist das Urpneuma (Urfeuer), aus dem alles geworden ist und in das alles zurückkehrt.
2. Der Materialismus der Stoa ist kein mechanistischer, sondern vorzugsweise ein dynamischer, wobei die Kraft höher als der formlose Stoff bewertet wird.
3. Alles Seiende ist körperlich, unkörperlich sind nur das Leere, der Raum, die Zeit und das nur in unserer Aussage Existierende.

C: Von den christlichen Theologen des Mittelalters äußert sich Augustinus zum Materieproblem: „Hylen dico quandam penitus informem et sine qualitate materiam, unde istae, quae sentimus qualitates, formantur".; sie enthält die Potenz zu allen Dingen. Albertus Magnus meint: „Materia est primum subiectum eius, quod est". „Materia appetit formam". In der Neuzeit vertritt Descartes den Dualismus zwischen der res extensa und der res cogitans: die Wirklichkeit ist aus zwei von einander unabhängigen Substanzen, der Materie und dem Geist, aufgebaut. Auch Spinoza unterscheidet zwischen der aktiv schaffenden Natur (natura naturans) und der geschaffenen Natur (natura naturata). Für Leibniz gibt es Materie im Sinne eines toten Stoffes nicht, sondern das Wesen der Materie sieht er in einer inneren, lebendigen Kraft. Die Physik in der Mitte des 19. Jahrhunderts bezieht den Energiebegriff in den Substanzbegriff ein, wobei Energie (mechanische, elektrische, kinetische, chemische, atomare) Arbeitsfähigkeit bedeutet. Nach dem klassischen Weltbild der Physik zu Beginn des 20. Jahrhunderts besteht die Außenwirklichkeit aus Körpern; diese setzen sich wieder aus kleinsten Elementarkörpern zusammen und bewegen sich nach dem Gesetz der Massenanziehung; in bezug auf die Kräfte herrscht ein Dualismus (actio - reactio), in bezug auf die Substanz ein Trialismus (Masse, Ladung, Energie); außerdem besteht eine Tendenz zum mechanischen Materialismus, der nur sinn- und zielfreie Abläufe gelten läßt.

1. Durch welche Verba und Verbalformen wird das passive Verhalten der Materie und das aktive der Wirkursache bezeichnet? (S 2)
2. Vergleichen Sie nach Lukrez I, 150 ff., I, 418 - 448 den Materialismus Epikurs mit dem der Stoa! (H 3)

2. Das Feuer, der stoffliche Träger des Logos

Cic. de. nat. d. II,9 § 23, 24; 10, §28

23: ciere 2. civi, citum in Bewegung setzen — **motus, -us, m.** Bewegung, Spannungsbewegung, Tonus — **refrigerare** abkühlen, pass.: erkalten, nachlassen
24: edere 3. herausgeben, gebären, hervorbringen — **natura** Natur, Grundstoff, Substanz — **pertinere 2.** sich erstrecken, sich ausdehnen
28: procreare hervorbringen, zeugen — **stirps, stirpis,** Wurzelstock, Wurzel, Stamm

A: 1. Anaximenes nimmt die Luft (πνεῦμα = Pneúma = Atem, Hauch, Luft, Geist) als Urstoff an, aus dem durch Verdichtung und Verdünnung alle materiellen Dinge hervorgehen: „Wie die Seele, die Luft ist, uns beherrschend zusammenhält, so umfaßt auch den Kosmos Hauch und Luft".
2. Bei Heraklit ist der Logos an das Feuer als Stoff gebunden; er ist das einzig Sichere und Feste im ewigen Werden und Vergehen, das Weltgesetz, die Vernunft.
3. Bei Plato allerdings ist die erste wirkende Ursache immateriell.
4. Aristoteles, der fünf Elemente unterscheidet, erkennt dem Äther den ersten Rang zu, dann folgen Feuer, Luft.

B: 1. Für Zenon ist ebenso wie für Heraklit das aktive, schöpferische Feuer das Element alles Seienden, der stoffliche Träger des Logos.

2. In einem thermodynamischen Prozeß sind aus dem Feuer durch Differenzierung die anderen drei Elemente (Luft, Wasser, Erde) und der Kosmos entstanden, der in endlosem Kreislauf nach einem Weltbrand wieder zu Feuer zurückkehrt und sich aus ihm immer wieder erneuert.
3. Das Feuer zirkuliert in der Form des warmen Hauches, Atems (Pneuma) in den Körpern, verleiht ihnen Wärme, Bewegung, Leben, Spannkraft (Tonus).
4. Dieses Pneuma durchdringt vermöge seiner Dünne und des großen Ausweitungsvermögens wie auch der Aktivität der Wärme den ganzen Kosmos – es gibt innerhalb des Kosmos keinen leeren Raum – vermag sämtliche physikalischen Eigenschaften der Materie zu bewirken und hält mit der ihm innewohnenden Spannungskraft (Kohäsionskraft) die träge Materie zusammen und verwandelt das gesamte Universum in eine einzige zusammenhängende Einheit (Kontinuum).

C: In der Naturwissenschaft der Neuzeit nimmt Descartes den Äther als Medium zur Fortpflanzung von Bewegungen im interstellaren Raum an, macht Boyle ihn zur Ursache der Kohäsion, Elektrizität und des Magnetismus, konstruiert Newton ein Äthermodell, um Gravitation und optische Erscheinungen zu erklären, und vermutet, daß er auch Ursprung der Sinneswahrnehmung sei.

1. Welche Wesen werden mit „terra editum" und „ea, quorum stirpes terra continentur" umschrieben? (S2)
2. Von welcher Wissenschaft ist wohl die Anschauung von der lebenserhaltenden Kraft der Wärme beeinflußt? (S 2)
3. Welche weiteren Beispiele für die „vis vitalis" und des Feuers läßt Cicero in nat. d. II, 9 § 24 - 27 den Stoiker Kleanthes vortragen? (H 2)
4. Was versteht man in der Medizin unter „Tonus"? Was bedeutet Hypotonie, Hypertonie, Vagotonus u. ä.? Was sind tonisierende Arzneimittel? (S 3)
5. Informieren Sie sich, ausgehend vom obigen Zusammenhang, was „Vitalismus" und „Mechanismus" bedeuten und worin der Unterschied zwischen beiden liegt? (H 1, H 2)

3. Der Logos treibt, als vernünftige Keimkraft (Logos spermatikos) in allem wirksam, zu vernünftiger Entwicklung an, sorgt für alles vor und bestimmt alles voraus.

Cic. de nat. d. II,22 § 57 - 58; Cic. de divinatione I,55 § 125 - 126

57: artificiosus kunstfertig, kunstvoll — **via** Weg, Methode, Verfahren; **via** (progredi) methodisch, regelmäßig, planmäßig — **secta, -ae, f.** (Sekte) Richtung, Bahn, Weg, Verfahren
58: complexus, -us, m. Umfassen, Umschließen — **coërcere 2.** etwas mit Gewalt zusammenhalten, in Ordnung halten — **plane** deutlich, klar, ausdrücklich, ganz — **opportunitas** günstige Lage, Vorteil — **natura** Geburt, Natur(ordnung), Naturkraft, Naturgebilde, Wesen — **conatus, -us, m.** Versuch, Bemühung, Drang, Trieb — **appetitio** Streben, Begehren, Trieb — **consentaneus** übereinstimmend, zu etwas passend — **occupare** einnehmen, besetzen, beschäftigen, in Anspruch nehmen — **ornatus, -us, m.** Schmuck, Ausstattung
125: divinare weissagen — **repetere 3.** wiederholen, zurückfordern, ableiten — **ordo** Ordnung, Reihenfolge, Gang (der Ereignisse) — **series, -ei, f.** Reihenfolge, Kette — **continere 2.** zusammenhalten, umschließen, in sich enthalten
126: superstitiosus abergläubisch — **physicus** 1. die Natur betreffend, 2. Physiker, Naturphilosoph — **physice** (dicere) nach Art der Ph. (reden)

A: 1. Schon in der vorattischen Philosophie lehrte Heraklit: „Der Logos steht über allem Wechsel und steuert ihn nach Maßen."
2. Empedokles postuliert als erster in poetischer Ausdrucksweise (Liebe - Haß) das Wirken von Ursachen in der physikalischen Welt.
3. Nach Leukipp und Demokrit sind die Ursachen aller vergangenen, gegenwärtigen und zukünftigen Ereignisse in der Notwendigkeit schon vorenthalten.
4. Aus der Lehre der Pythagoreer spricht der Glaube an die ordnende Macht der Zahl und Harmonie und ebenso die Überzeugung von der „Wiederkehr des Gleichen", wenn die Kombinationsmöglichkeiten nach dem Kausalgesetz erschöpft sind.
5. Platon schreibt im „Timaios" (30 a - d): „Die Weltseele ordnet durch ihre Vorsehung das All und macht es zum Kosmos."
6. Aristoteles versteht unter Ursachen besonders das, wovon die Veränderung sich herleitet, ferner das „Weswegen" der Veränderung und das „Woraus". Die Zweckursache gehört zu den Prinzipien der Dinge, der Zweck ist eins mit der Form.

B: 1. Der Logos als das künstlerisch gestaltende Feuer enthält

die Formen für alles Entstehende, die λόγοι σπερματικοί (= logoi spermatikoí, rationes seminales), in sich. Diese materiellen Samenkeime entwickeln sich vernünftig, organisch, zweckvoll, wirken in den Einzeldingen als Form und gestalten sie.
2. Der fürsorgliche Logos gestaltet alles in der Welt zum Besten, nichts tut er ohne Ziel; zweckmäßige Ordnung (Kosmos) herrscht in der Welt im ganzen wie in ihren Teilen (Teleologie).
3. Der einheitliche Organismus des Kosmos wird von einem vernünftigen Naturprinzip gelenkt. Diese Lenkung geht unter einer gewissen Folge und Ordnung vor sich: die früheren Ereignisse sind die Ursachen der ihnen folgenden, und so sind alle Dinge miteinander verbunden. Εἱμαρμένη (= heimarméne, fatum, Schicksalsnotwendigkeit) ist also die geordnete Wechselwirkung von Ursachen, kein „blindes" Schicksal.

C: Die Vorsehung Gottes beherrscht nach Boethius (de cons. phil. IV, 6) das ganze Sein: „Vorsehung ist jener göttliche, beim Herrn der Welt existierende Plan, der alles ordnet." Auch von den Kirchenvätern und der Scholastik wird die Welt als eine Seinsordnung betrachtet, in die sich alles als Glied zweckmäßig einfügt. Leibniz sieht als Zweck des Wirkens Gottes: die Welt in ihrer allseitigen inneren und äußeren Harmonie; die harmonische Welt ist die bestmögliche.
Die Kausalität wird von Plotin auf das Wirken der vernünftigen Keimkräfte zurückgeführt. Descartes rechnet das Kausalgesetz („ex nihilo nihil fit") zu den „ewigen Wahrheiten", d. h. zu den denknotwendigen Sätzen, die immer gelten. Für Hume dagegen ist das Gesetz der Kausalität ein durch instinktive Erwartung für Regelmäßigkeit erzeugtes Produkt der menschlichen Einbildungskraft. Nach Kant wiederum ist die Kausalität ein Naturgesetz a priori: „Nichts geschieht durch ein blindes Ohngefähr (in mundo non datur casus); alles, was geschieht, setzt etwas voraus, worauf es nach einer Regel folgt." Auch Laplace schreibt in „Essai philosophique sur les Probabilités": „Wir müssen den gegenwärtigen Zustand des Universums als Folge des ihm vorangehenden Zustandes betrachten und als die Ursache des ihm folgenden." Ebenso vollziehen sich für Schopenhauer, Wundt und Driesch die Veränderungen in der Welt der Erscheinungen nach dem Prinzip der Kausalität.

C: 1. Vergleichen Sie die Wörter „providentia" und „prudentia" hinsichtlich ihrer Etymologie! (S 2)
2. Welche Anschauung über die Kausalität vertritt Epikur nach Cic. de fin. I 6 § 18 - 20? (H 2)
3. Was schreibt Lukrez als Epikureer über die Teleologie? (Lukrez I, 150 - 159, I. 1021 ff. IV, 836 ff.) (H 2)
4. Der letzte Abschnitt des obigen Textes ist der Schrift Ciceros „Über die Weissagung" entnommen. Die Mantik (Weissagung) ist

ein Bestandteil der stoischen Lehre. Wie läßt sich die Befürwortung der Mantik durch die Stoa nach obigen Darlegungen begründen? (H 3)

5. Welche Auffassungen vom Fatum legt der Historiker Tacitus in Ann., VI, 22 dar? (H 3)

6. Welche Bedeutung hat in Vergils Aeneis (Proömium 1 - 33 u. anderen markanten Stellen) das Fatum? Wie deutet Th. Haecker dieses Fatum in Pontes XIX, 7? (L 3, H 3)

7. Das Fatum aus christlicher Sicht nach Augustinus de civ. V, 8 (H 3)

8. Welche Einstellung zum Fatum läßt M. Frisch seinen „Homo faber" äußern? (auch Pontes XIX, 1) (H 3)

4. Gott ist die schöpferische, bewegende, gestaltende und in der Welt immanente Urkraft

Cic. de nat. d. II, § 16, I,14 § 37; 15 § 39 Sen. natur. quaest. II, 45

16: rerum natura = mundus, Welt – **ratio** das vernunftmäßige Verfahren, das der praktischen Erfahrung gegenübersteht; Überlegung, vernünftiges Nachdenken oder die auf Überlegung des handelnden Subjekts beruhende besondere Art des Verfahrens – **atqui** (im Untersatz des Syllogismus) nun aber, **igitur** (im Schlußsatz) – **desipere, -io 3.** (sapio-sapiens) unsinnig, töricht sein

37: una cum eo: gemeint ist der kurz vorher erwähnte bedeutende Schüler Zenons, Aristo aus Chios (um 275 v. Chr.) – **tum - tum - tum** bald - bald - bald – **totius naturae menti atque animo = Weltseele** – **ardor** brennende Hitze, Feuerstoff – **aether, -eris, m.** feurige Luftregion, obere, feinere Luft, Urfeuer; der alles umschließende Himmelsraum, besonders als Wohnsitz der Götter, = höchstes göttliches Wesen – **delirare** wahnsinnig sein, irre sein, faseln (vom Standpunkt eines Epikureers gesagt, ebenso: noscimus) – **astrum** Gestirn – **in vestigio reponere 3.** in eine Fußspur hineinpassen, an einen festen Platz stellen – **prorsus** geradezu, durchaus, ganz und gar

39: fusio Erguß, Ausfluß – **principatus, -us, m.** (ἡγεμονικόν = hegemonikón) leitendes Prinzip (der Handlungen), Urkraft – **fatalis** vom Schicksal bestimmt – **necessitas** Notwendigkeit, Verhängnis, Schicksal (= ἀνάγκη anángke) – **et enim** und zwar

universitas Gesamtheit, Weltall **manare 1.** fließen, entstehen, herrühren

45: spiritus, -us, m. Geist, Weltseele – **convenire** alicui für jemanden passen, sich gebühren – **suspensus** emporgehoben; **suspensus ex** von etwas abhängig, beruhend auf – **inoffensus** ungehindert, ungestört – **exire (exeo)** hervorkommen, wachsen, sich entwickeln – **actus, -us m.** das Treiben, Bewegung, Tätigkeit – **explicare** entfalten, in Ordnung bringen, glücklich durchführen – **indere (indo) 3.** hineintun, beigeben.

A: 1. Xenophanes tritt gegen den Anthropomorphismus der homerischen Religion auf, erkennt nur mehr einen einzigen Gott an, der ganz Geist ist; ebenso Anaxagoras (Gott = νοῦς nus).
2. Nach Platon hat ein göttlicher Weltbaumeister (Demiurg) als Träger der Urkraft des Guten die Weltseele erschaffen, deren Erscheinung und Ausdruck die sinnliche Welt ist.
3. Aristoteles schließt von dem Bewegtsein der Dinge in der Welt auf einen ersten unbewegten Beweger (causa sui), der von der Welt geschieden, also übersinnlich ist.

B: 1. Der Stoiker Chrysipp beweist an obiger Stelle das Dasein Gottes mit Hilfe eines Vernunftschlusses, der auf der Erfahrung mit der menschlichen Unvollkommenheit beruht, im Vergleich zu der es etwas Vollkommeneres geben muß.
2. Gott ist: die schöpferische Keimkraft, die erste Ursache alles Seins – das aktive geistige Prinzip, das die Materie durchdringt, belebt und zweckbewußt gestaltet – die Vorsehung, die für alles in der Welt nach dem Gesichtspunkt der Zweckmäßigkeit und Schönheit vorsorgt – das Fatum und Naturgesetz, das alles in einem ewig sich wiederholenden Prozeß in einen notwendigen, unauflösbaren Zusammenhang fügt – nicht transzendent, sondern immanent.
3. Die **eine** Gottheit offenbart sich in vielen Gestalten (dei, astra) und Elementen (aqua, terra, aër u. a.). Gott ist alles, alles ist Gott (Pantheismus).

C: Plotin läßt die Welt aus Gott als einer unsichtbaren Quelle in vier Stufen (das Eine, der Geist, die Weltseele, die Materie) herausfließen (Emanation). Nach Giordano Bruno ist Gott die Einheit aller Dinge, deren Substanz, Prinzip, Ursache. Für Spinoza fällt alle Wirklichkeit, Gott und Natur, in eins zusammen, substantia: sive deus, sive natura; Gott ist das All, die ewige, unendliche Einheit, das absolute Sein, er ist der Welt immanent.

1. In obigem Text ist ein Syllogismus enthalten; versuchen Sie, seine Teile herauszuarbeiten! (H 2)
2. Welche weiteren stoischen Gottesbeweise führt Cicero an in Tusc. I, 13 § 30 und de nat. d. II, 2, § 4; 5 § 13 - 15; 11 § 29, 30 (H 2)
3. Erklären Sie die Begriffe: Theismus – Deismus – Pantheismus – Atheismus! (H 2)
4. Welcher Gottesauffassung kommt der Mystiker Eckhart in dem Zitat: „Gott ist in allen creaturen, als si wesen hant, und ist doch darüber" nahe? (H 3)
5. Welche Wendungen der Areopagrede des Apostels Paulus (Apostelgeschichte 17, 19-33) stehen der stoischen Gottesauffassung nahe? Was wollte wohl Paulus gerade mit dieser Argumentation erreichen? (H 2, 3)
6. Welches Verhältnis besteht zwischen Philosophie und Religion? Widersprechen nach katholischer Lehre die Erkenntnisse der natürlichen Vernunft dem Glauben? (H 4)

5. Das Weltgebäude

Cic. de nat. d. II, 36 § 91, 92

91: animalis, -e, luftartig, belebt, beseelt, Leben enthaltend und gebend – **spirabilis, -e** hauch-luftartig, zum Leben dienlich – **aër, -is, m.** Luft, untere Luftschicht – **percipere (-io) 3.** erfassen, geistig aufnehmen; – perceptus bekannt, geläufig – **tritus** (terere 3.) abgerieben, abgenutzt, geläufig – **pro** (Abl.) vor, für, anstatt; bei Bezeichnung der Identität: so gut wie, wie, als
92: collustrare hell erleuchten – **ignis** feuriger Stern, Gestirn – **moderatio** Maßhalten, rechtes Maß, Selbstbeherrschung – **temperatio** richtige Mischung (caloris)

A: 1. Nach der Lehre des Vorsokratikers Anaximenes schwimmt die Erde auf der Luft, nach der Anaximanders schwebt sie im Raum.
2. Für Anaxagoras sind die Himmelskörper nichts anderes als glühende Steine.
3. Platon lehrt, daß die Erde die Mitte der Welt einnehme und die Gestirne, größtenteils aus Feuer gebildet, himmlische Götter seien; auch Aristoteles vertritt das geozentrische Weltsystem.

B: 1. Die Anschauung der Stoa vom Aufbau der Welt entspricht der des vierten Jahrhunderts v. Chr. und ist geozentrisch:

2. In der Mitte der Welt ruht die Erde, am Rand vom Okeanos umströmt, weil sich schweres Material bei der Wirbelbewegung in der Mitte anhäuft; durch symmetrisch wirkende Kräfte wird sie in ihrer Ruhelage gehalten.
3. Die Erde wird von der Lufthülle umschlossen, diese wiederum vom Äther, dem reinsten Feuer, das den Himmel bildet.
4. Auch die anderen Gestirne sind kugelförmig und bestehen aus dem göttlichen, ewigen, schöpferischen Feuer.
5. Der Mond aber, der am Rande der Erdatmosphäre kreist, besteht nicht mehr aus reinem Feuer, sondern aus Feuer und Luft und hat deshalb auch keine eigene volle Leuchtkraft.

C: Aristarch von Samos (ca. 320 - 250 v. Chr.) vertrat schon damals gegen den Stoiker Kleanthes die Lehre, daß sich die Erde um ihre Achse drehe und eine Kreisbewegung um die Sonne ausführe (heliozentrisch). Erst 1800 Jahre später wurde dieser Lehre durch Kopernikus allgemeine Geltung verschafft.

1. Welche Bedeutung ist den Wörtern „moderatio" und „temperantia" gemeinsam? (S. 2)
2. Warum nennen gerade die Stoiker die Welt *κόσμος* (= kósmos, mundus)? (S 2, H 2)
3. Übersetzen Sie aus Fitzek, Geistige Grundlagen Europas, Nr. 108 (vor allem Abschnitt 3), wie Kopernikus das heliozentrische System begründet! (S 3, H 3)
4. Auf welchem Gebiet ist die Gefahr der Widerlegung eines Philosophen besonders groß? (H 4)
5. Welcher Fehler ist bei griechischen Philosophen besonders häufig anzutreffen? (H 3)

6. Der zweckmäßige Stufenbau des Seins

Cic. de nat. d. II, 47 § 120 - 122; 51 § 127 - 128, Cic. de nat. d. II, 53 § 133

120: intellegere 3. wahrnehmen, erkennen (mit den Sinnen u. Verstand), einsehen, begreifen, verstehen — **intellegens** einsichtig, mit Verstand begabt — **stirps, stirpis** Stamm des Baumes, der Pflanzen, Wurzelgewächs, Wurzel, Ursprung, Nachkommenschaft — **stabilitas** Festigkeit, Beständigkeit — **sustinere 2.** emporhalten, aufrechthalten, stützen — **sucus** Saft, natürliche Feuchtigkeit — **quo alantur:** warum Konjunktiv? — **obducere 3.** (etwas mit etwas) überziehen, bedecken — **liber,**

libri, m. Bast, innere Rinde; Buch – **truncus, -i, m.** Stamm, Baumstamm – **vitis, -is, f.** Weinrebe, Weinstock – **clavicula** (clava = Keule) Wickelranke, Gäbelchen am Weinstock – **adminiculum** Stütze, Stützpfahl

121: animans = animal – corium, -i, n. Fell, dicke, harte Lederhaut – **villus, -i, m.** zottiges Haar (der Tiere) – **hirsutus** stachelig, borstig – **pluma** Flaumfeder, Flaum – **squama** Schuppe – **pinna = penna** Feder, Flosse – **conficere (-io) 3.** fertigmachen, zerkauen – **subtilis** fein (gewebt), geschmackvoll, vortrefflich, genau – **fabrica** Werkstätte, kunstvoller Bau – **intus** innen, drinnen, inwendig – **supervacaneus** überflüssig, unnütz – **nihil non!**

122: belua Untier, Tierungeheuer (Elefant, Tiger, Walfisch); hier: = **bestia – sensus** Gefühl, Sinnesvermögen (Verstand, Verständnis, Urteil, Gedanke, Sinn für ...) **appetitus, -us, m.** Streben, Verlangen, Trieb – **hiatus, -us, m.** das Klaffen, klaffende Öffnung – **tenacitas** das Festhalten – **aduncitas** Krümmung, Haken – **sugere** saugen – **carpere 3. (ab)rupfen, abfressen, fressen – vorare** verschlingen, gierig fressen – **mandere 3. mandi, mansum** kauen, beißen in etwas, essen

127: ornatus, -us, m. Ausrüstung, Ausstattung, Ausschmückung, Schmuck, – **generare** zeugen, hervorbringen – **baca** Beere, beerenförmige Frucht, pl.: Früchte – **affatim** zur Genüge, reichlich

128: mas, maris adj. männlich, subst.: Männchen, Mann – **machinari** künstlich bewerkstelligen, schaffen, ersinnen

133: molitio das Inbewegungsetzen, Zurüstung – **absurdus** mißtönend, ungereimt, unsinnig

A: 1. Nach der Lehre Platons ist das All geschichtet: toter Stoff Pflanzenreich, Tiere, Menschen – geschaffene Götter; das All ist ein beseeltes und in Wahrheit vernünftiges Geschöpf (Timaios 30 b)
2. Auch für Aristoteles ist die Welt ein großes Stufenreich von Zwecken; auch sein Stufenbau unterscheidet Pflanzen, Tiere und Menschen; in seiner „Politik" (I, 1256 a) schreibt er: „Die Pflanzen sind der Tiere wegen da, die Tiere der Menschen wegen. Wenn nun die Natur nichts unvollkommen und nichts zwecklos macht, so muß sie all dies um der Menschen willen gemacht haben."

B: 1. Daraus, daß nach der Lehre der Stoa das Pneuma, das die ganze Welt durchflutet und die qualitativen Eigenarten der Dinge bildet, in verschiedener Stärke und Reinheit auftritt, ergeben sich verschiedene Abstufungen des Seins: in den anorganischen Dingen, der untersten Stufe, sind Pneuma und Tonus so abgeschwächt, daß sie zwar den Körper noch zusammenhalten (eine Art Kraftfeld), aber keine Bewegung mehr hervorbringen können (= Hexis). Die nächste Stufe, die Pflanzen, sind schon mit stärkerem Pneuma ausgestattet, das ihnen Bewegung, Erhaltung und Fortpflanzung ermöglicht (= Physis). Den Tieren als der nächsten Stufe wird schon etwas Seelenähnliches zuerkannt: sinnliche Wahrnehmung (sensus) und Trieb (appetitio). Die höchste Stufe, die des Logos, nimmt der Mensch ein.

2. Die verschiedenen Seinsstufen sind nicht nur auf Erhaltung ihrer zeitlich begrenzten Existenz und auf ihre Fortpflanzung hin zweckmäßig angelegt, sondern die niederen Seinsformen sind jeweils um der höheren willen da.

3. Die höchste Seinsform, um deretwillen alles geschaffen wurde, sind Götter und Menschen.

C: Auch Leibniz unterscheidet die Monaden graduell durch die Art ihres Vorstellens: die niedrigsten Monaden, die der unbelebten Natur, haben fast kein Bewußtsein, die niedrigsten Wesen in der organischen Natur haben nur unzusammenhängende, die Tiere zusammenhängende Vorstellungen ohne logische Verbindung und Selbstbewußtsein; erst beim Menschen treten diese auf; die höchste der Monaden ist Gott. Hegel, der ebenfalls die Natur als ein System von Stufen betrachtet, deren eine aus der anderen notwendig hervorgeht, unterscheidet einen geologischen, vegetabilen und animalischen Organismus; der Mensch ist die höchste Form.

1. Achten Sie auf die stilistisch angemessene Übersetzung der an obiger Stelle gehäuft vorkommenden Gerundiva und Gerundia: „ad vitam retinendam", „ad pastum capessendum conficiendumque", „gradiendo, serpendo, volando, nando" (S 2)

2. Welches Fremdwort könnte man für „ornatus (mundi)" einsetzen? (S 2, H 2)

3. Worin besteht nach obigem Text die vernünftige und zweckmäßige Beschaffenheit der verschiedenen Seinsarten? (S 2)

4. Welche Entwicklungslehre vertritt der Epikureer Lukrez in Buch V, 828 - 877? (H 3)

5. Worin besteht der Unterschied zwischen der Evolutionstheorie Darwins und der Teleologie der Stoa? (H 3)

III. Ethik

A) Die anthropologischen und psychologischen Voraussetzungen

1. Mensch und Tier

Sen. de ira I, III, 6 - 7

6: affectus, -us, m. Zustand (körperlich, geistig), Gemütsverfassung, -bewegung, Leidenschaft, Verlangen, zärtliche Neigung, Liebe — **impulsus, -us, m.** Fortbewegung, Anstoß, Antrieb, innerlicher Trieb — **alioqui(n)** in anderer Hinsicht, sonst — **simultas** Rivalität, Spannung, Feindschaft
7: nulli = nemini — **cogitatio** Denken, Denkvermögen — **principalis, -e** der Erste, Vornehmste, Hauptsächlichste, = *ἡ γεμονικόν* (hegemonikón = führender Seelenteil) — **ducere 3.** hier: bilden, gestalten — **explanabilis** deutlich artikuliert — **inefficax** (efficere, -io, 3.) unfähig, hervorzubringen — **exactus** genau, vollkommen, vollendet — **impetus, -us, m.** ungestümes Vordringen, heftiges Verlangen, Trieb, leidenschaftliches Wesen, triebhaftes Verhalten; — **turbidus** getrübt, verworren (Ansicht des Akademikers Antiochos, die mit der der Stoa übereinstimmt)

2. Der Mensch, ein animal rationale-Mittelpunkt der Schöpfung

Cic. de fin. V, 12 § 34-36; Cic. de nat. d. II, 56 § 140; 59 § 147-148; 61 § 153-154

34: cum mit Konjunktiv: modal: indem, wobei — beachten Sie: et ita . . . animum**que** — **praestantia** Vorzüglichkeit, Vorzug — **comparandus** vergleichbar — **cognitionem faciliorem habere** = Umschreibung des Passivs, vgl. admirationem habere
35: figura äußere Umrisse, Äußeres, Aussehen — **forma** (in ästhet. Beziehung) Beschaffenheit — **statura** (in bezug auf die Größe) Körpergestalt — **usus, -us, m.** Gebrauch, Anwendung, Betätigung
36: virtus Mannhaftigkeit, Mut, Tüchtigkeit, vorzügliche Beschaffenheit, gute Eigenschaft, Güte, pl.: Vorzüge; — Tugend, Sittlichkeit, sittliche Vollkommenheit — **incolumis** unverletzt, wohlbehalten — **expeditus** unbehindert, bequem, leicht —

percipere (-io) 3. geistig: klar erfassen, begreifen – **subiectus (sensibus)** untergeordnet (sein), in den Bereich von etwas gehörig, = mit den Sinnen wahrnehmbar
140: adiungere 3. anbinden, anfügen, hinzufügen – qui: andere Lesart: **quae** – **celsus** emporgerichtet, hoch – **erectus** aufrecht, gerade – **spectaculum** Anblick, Schauspiel – **pertinere 2.** sich erstrecken, sich beziehen, angehen, dienen, von Bedeutung sein –
147: consilium Rat, Überlegung, Einsicht, Klugheit, Berechnung, Ratschluß, Entschluß, Plan; Rat, Vorschlag – **intellegentia** Verstand, Einsicht, Erkenntnisvermögen – **consequi 3.** unmittelbar nachfolgen – **coniunctio** Verbindung, philosoph.: Begriffsverbindung – **circumscriptus** scharf begrenzt, präzis, genau – **complecti 3.** umfassen, geistig: begreifen, verstehen, –
148: comprendere = comprehendere 3. sinnlich-geistig erfassen, verstehen – **oblectatio** Ergötzung, angenehme Unterhaltung, Zeitvertreib
153: quid vero? wie vollends, und nun gar – **defectio (solis)** Abfall, Abnehmen, Ausbleiben, Finsternis – **cedere 3.** gehen, weichen, nachstehen – **situs, -us, m.** Lage, Stellung – **fortuna** Schicksal, Geschick, Zufall, Glück, Unglück
154: perorare die Rede beendigen, schließen

A: 1. Schon Heraklit deutet das Geheimnisvolle in der Doppelnatur des Menschen an: einerseits: „die Masse frißt sich voll wie das Vieh" (frg. 29), andererseits: „die Stimme des immerseienden Logos dringt zu ihm" (frg. 1).
2. Für Platon ist der Mensch eine Verbindung aus Leib und Seele, wobei der Körper nur eine Art Schatten, ein Gefängnis der Seele ist.
3. Aristoteles erkennt den Tieren eine Sinnenseele zu; sie haben über die Fähigkeiten der Pflanzenseele hinaus auch noch Sinnesempfindungen, niederes Strebevermögen und Ortsbewegung. Der Mensch aber besitzt eine Geistseele (animal rationale).

B: 1. Die Tiere zeigen zwar eine Vorstufe des Intellekts, aber keine Sittlichkeit (keine Unterscheidung zwischen Gut und Bös), kein Wissen, keinen Logos, sondern nur eine naturhafte Ausrüstung für solches Tun, die bei jeder Art die gleiche ist: eine „Gleich-als-ob-Sprache", ein „Gleich-als-ob-Gedächtnis", „Gleich-als-ob-Affekte".
2. Trotz seiner animalischen Natur unterscheidet sich der Mensch durch seinen Logos stark von den Tieren. Mit den Tieren hat er die animalische Natur, die bis ins Seelenleben

hineinragt, mit Gott den Logos gemeinsam. Durch seine Instinktentbundenheit wird er frei, aber auch zum gefährdetsten Lebewesen.

3. Der Mensch ist auf Grund gewisser Körpermerkmale (aufrechter Gang, vielseitige Verwendung der Hände) und vor allem kraft seines Geistes in der Lage, jede beliebige Umwelt zu meistern, über sie hinauszuwachsen und sich der ganzen Welt zuzuwenden.

4. Sein Logos befähigt ihn zur Begriffsbildung, Verarbeitung der Begriffe (Denken), Vergangenheit, Zukunft und Kausalzusammenhänge zu überschauen; vermöge der Synkatathesis hat er die freie Entscheidung über Gut und Böse, aber auch die Verantwortung für sein Tun.

5. Er kann sich die Natur untertan machen, er ist der Herr der Schöpfung.

6. Gerade diese Anschauung der Stoa vom Menschen hat zu der abendländischen Tradition beigetragen, daß der Mensch vom Geist her bestimmt wird.

C: Das hervorstechendste Merkmal des Menschen ist nach Descartes die Reflexivität seiner selbst, die ihm das Wissen um sich selbst vermittelt: Kultur- u. Sprachbesitz, Unterscheidung von Gut und Bös, Neinsagenkönnen, Wissen um Zeit, Geschichte und um den eigenen Tod. Der Mensch ist etwas, das fragt, nicht nur nach dem Was, sondern auch nach dem Warum und Wozu. Für den Materialismus ist der Mensch ein hochkompliziertes Atom- bzw. Molekularsystem, für den Diamat ein „arriviertes Arbeitstier", das seine materielle Situation meistert. Die moderne Psychologie sieht im Menschen das morphologisch und funktionell ausgesprochen unspezialisierte Wesen im Gegensatz zum Tier, das auf Grund seines Körperbaues und seiner Instinkte mit der artbestimmten Umwelt eine Einheit bildet. Nach philosophischen Anschauungen unserer Zeit ist der Mensch nicht nur Herr der Schöpfung, „er ist auch etwas Unvollendetes, Unruhiges, im Grunde genommen Elendes" (Bochenski, Wege zur Philosophie S. 89).

1. Bestimmen Sie aus obigem Text die verschiedenen Bedeutungen von „ut": „ut vox est – ita ipsum principale" – „ita figuratum corpus, ut excellat . . ." – „sunt enim ex terra homines non ut incolae atque habitatores"! (S 2)

2. Welcher philosophische Begriff ist mit „quid ex quibusque rebus efficiatur" gemeint? (H 2)

3. Welches Menschenbild spricht aus a) dem Alten Testament, Psalm 8,5 - 9, b) Sophokles, Antigone V. 332 - 375, c) Sallust Catilina 1, Jugurtha 1, 2? (L 3, H 3)

4. Vergleichen Sie die obigen Anschauungen vom Wesen des Menschen mit der der Existenzphilosophie, bes. Sartres: „Der Mensch ist eine nutzlose Passion"; „es ist nicht nur sinnlos, daß wir geboren sind, es ist auch sinnlos, daß wir sterben". (H 4)
5. Welche Aufgabe haben Psychologie und Anthropologie als Hilfswissenschaften für die Philosophie? (H 2)

3. Die Oikeiosis, der Urtrieb der Selbstwahrnehmung und Hinwendung zum eigenen Ich und zu den Mitmenschen

Cic. de fin. III, 5 § 16-17; Sen. ep. 121, 14, 16-18; Cic. de fin. III, 19 § 62-63; 20 § 65-66

16: his: ergänzen Sie: **philosophis — inquit** (Marcus Cato) — **probare** prüfen, billigen, glaubhaft machen, beweisen; **probari alicui** jds. Beifall finden, jem. gefallen — **conciliare** zusammenbringen, verbinden, geneigt machen, den Sinn auf etwas lenken, die instinktmäßige Neigung zuwenden, hinleiten — **commendare** anvertrauen, empfehlen, angenehm machen; **conciliare + commendare** = Hendiadyoin — **ad conservandum:** 1. Objekt: se, 2. Obj. statum — **conservantia:** mit Gen. — **status -us, m.** das Stehen, der Stand, Zustand — **alienare** entfremden, abgeneigt machen, passiv: Widerwillen haben, vermeiden — **parvus** kleines Kind — **sensus sui** Bewußtsein — **principium** Anfang, Ursprung; **principia naturae (naturale)** Grundtrieb (unseres Handelns) — **ducere 3.** (ab) ableiten, herleiten, ausgehen von
17: ponere 3. aliquid in aliqua re etwas zu etwas rechnen, ansehen — **turpis** häßlich, schändlich, unsittlich — **adsciscere 3.** an sich ziehen, aufnehmen, übernehmen = mitgeben — **utrumvis** (erg.: habere) **liceat — detorquere 2.** wegdrehen, verdrehen, verkrüppeln
14: constitutio Einrichtung, Verfassung, Beschaffenheit, Zustand
16: conciliatio das Zusammenbringen, das Sichhingezogenfühlen, die in der Natur begründete Zuneigung — **neque enim - non** jedenfalls
17: curam agere 3. Sorge tragen
18: producere 3. hervorbringen, großziehen — **fetus, -us, m.** (foetus) das Gebären, die Frucht, Junges — **committere 3.** zusammenführen, vereinigen; übergeben, anvertrauen
62: arbitrantur (= die Stoiker) — beachten Sie die Reihenfolge

der Infinitive – **proficisci 3.** aufbrechen, herkommen, abstammen – **persequi 3.** nachfolgen, verfolgen, (mündl., schriftlich) behandeln – **procreare** zeugen – **rationem habere alicuius rei** Rücksicht nehmen auf etwas – **congruere 3.** zusammentreffen, übereinstimmen – **ex hoc** = aus dieser natürlichen Liebe
63: nasci 3. geboren werden; von Sachen u. Abstrakta: entstehen, entspringen, erwachsen – **commendatio** Empfehlung – **alienus ab aliquo** nicht verwandt, nicht angehörig, fernstehend
65: solitudo Einsamkeit – **coniunctio** gesellige und freundschaftliche Verbindung (durch Familie, Verwandtschaft, Politik) – **congregatio** geselliges Zusammenleben
66: propensus geneigt, willig – beachten Sie die verschiedenen „ut"! – **vitulus** Kalb, junger Stier – **Heracles:** Sinnbild des Schaffenden und sich Mühenden – **Liber:** ital. Gott der pflanzlichen und tierischen Fruchtbarkeit, später: = Dionysos, Bacchus (Gott der Rebe und des Weines) – **accipere, (-io) 3.** annehmen, übernehmen, vernehmen – **Iuppiter Salutaris** (= Retter), **I. Hospitalis** (= Schützer des Gastrechts), **I. Stator** (= Schirmer des Bestehenden, Erhalter): Beinamen Jupiters – **convenire** zusammenpassen – **convenit** es schickt, geziemt sich – **vilis** billig, wertlos – **neglectus** vernachlässigt, nicht geachtet – **ea** Beziehung? – **consociare** eng verbinden, vereinigen – **consociatus** innig verbunden

A: 1. Die Sophisten leiteten als erste aus dem angeborenen Selbsterhaltungstrieb Lust und nackten Egoismus als die wahre Natur des Menschen ab. 2. Der Aristotelesschüler Aristoxenos schreibt: „Wenn die Natur ihre eigene Stimme vernehmen läßt, dann heißt sie uns der Lust frönen und danach handelt der Verständige". 3. Für Epikur ist die Lust der erste Trieb und Selbstzweck.

B: 1. Aus der Natur des Alls stammt auch die des Menschen.
2. Um sein Lebensziel (Telos) richtig zu bestimmen, auf das sich eine richtige Lebensführung auszurichten hat, muß man vom Urtrieb ausgehen.
3. Der erste bei allen Lebewesen von Geburt an vorhandene Trieb ist der der Selbstwahrnehmung, kraft derer er sein eigenes Ich als zugehörig empfindet.
4. Diese Selbstwahrnehmung führt zur „Selbstliebe" und „Selbsterhaltung".
5. Diese zunächst auf das eigene Ich bezogene Selbstliebe wird auch auf das ausgedehnt, was diesem Ich noch förderlich ist:

Eltern, Angehörige, Nachkommen, schließlich auf alle Menschen.

6. Wenn der Logos im Laufe der menschlichen Entwicklung erwacht, wendet sich die Oikeiosis ihm zu, entfaltet ihn und erkennt in ihm das wahre Wesen des Menschen.

7. Die Oikeiosis bewirkt auch, daß wir die Dinge nicht nur wahrnehmen, sondern zu unserem eigenen Wesen in Beziehung setzen, sie „bewerten", ob sie für unser Dasein „nützlich", „gut" oder „schädlich", „schlecht" sind.

C: Über den Selbsterhaltungstrieb schreibt im Mittelalter Thomas von Aquin: „Quaelibet res naturalis conservationem sui esse appetit", in der Neuzeit Spinoza: „Non minor causa requiritur ad rem conservandam quam ad ipsam primum producendam." Auch Hobbes betont, daß das Leben des Menschen unter dem Naturgesetz der Selbsterhaltung steht. Ebenso begründet Fichte in der Schrift „System der Sittenlehre" den Selbsterhaltungstrieb: „Ich finde mich selbst als ein organisiertes Naturprodukt; aber in einem solchen besteht das Wesen der Teile in einem Trieb, bestimmte andere Teile in der Vereinigung mit sich zu erhalten, welcher Trieb, dem Ganzen beigemessen, der Trieb der Selbsterhaltung heißt."

1. Unterscheiden Sie die im obigen Text vorkommenden verschiedenen Bedeutungen von „quod": a) sic probant, **quod** . . . parvi salutaria appetant . . ., **quod** non fieret. b) Satis esse argumenti videtur, quamobrem diligamus, **quod** est nemo. c) **quodq**ue nemo . . . velit, facile intellegitur. d) Itaque non facile est invenire, qui, **quod** sciat ipse, non tradat . . . (S 2)
2. Prägen Sie sich die lat. Ausdrücke für „Selbsterhaltung", „Eigenliebe" ein! (S 2, H 2)
3. Worin besteht nach Epikur der Urtrieb des Menschen? (nach Cicero, de fin. I, 9, § 29 - 31; 12, § 40 - 42) (H 3)
4. In welchem Zustand befindet sich das Kind nach Auffassung der Stoa? (H 3)
5. Warum gibt es den Wert der Elternliebe? Warum muß dieser Wert unveränderlich sein? Warum muß auch für einen Nichtchristen z. B. Muttermord immer ein Verbrechen sein? (Bochenski, Wege zur Philosophie S. 79) (H 4)

4. Die menschliche Seele

a) ihr Wesen und Sitz

Cic. Tusc. I,9, 10 § 18 - 20, 22

18: porro weiter, ferner – **cor** (bei älteren lat. Schriftstellern öfter im Sinne von:) Geist, Verstand – **excors** unverständig, kopflos, einfältig – **vaecors (vecors)** wahnsinnig, unsinnig, verrückt

19: suffundere 3. (pass.) **alicui rei** unter etwas fließen, strömen, sich ergießen (Empedokles dachte sich im Herzblut den Sitz der Seele) – **cerebrum** Gehirn – **alii in corde** (= Stoiker) – **alii in cerebro** (= Pythagoreer) – **anima** Lufthauch, Atem, Seele (als Prinzip der animalischen Existenz), Lebenskraft, selten = animus – **fere** fast, beinahe, in der Regel, meistens, gewöhnlich – **animam agere** (eigentlich: das Leben heraustreiben) in den letzten Zügen liegen – **animosus** beherzt, mutig – **animatus** beseelt, belebt, gesinnt – **ex animi sententia** nach meiner innersten Überzeugung, nach bestem Wissen und Gewissen – **vulgo:** ergänze: animum statuunt

20: vulgo-singuli – **Xenocrates** geb. 397, Schüler Platons – **animi figuram et quasi corpus** = Substanz – **numerus** Takt, Rhythmus, Zahl

22: subter Präpos. mit Akk. unterhalb, unter – **praecordia, -orum,** Zwerchfell – **principium** Grundstoff, Element (die 4 des Empedokles) Aristoteles hat aber nicht den Geist, sondern den Äther als das 5. Element bezeichnet; Cicero hat sich dadurch irreleiten lassen, daß die Stoiker die Gestirne für Geister erklärten und die menschliche Seele aus demselben Stoff herleiteten – **continuare** aneinanderreihen, ohne Unterbrechung fortsetzen – **continuatus** ununterbrochen – ἐνδελέχειαν (= endelécheian) statt richtig ἐντελέχειαν (= entelécheian) (Irrtum Ciceros): ἐνδελέχεια (endelécheia) bedeutet: Ununterbrochensein, Fortdauer; ἐντελέχεια (entelécheia) nennt Aristoteles den Geist, die Seele, das im Körper wirksame, formende Prinzip, durch das er seinen Zweck zu erreichen vermag

b) ihr göttlicher Ursprung und ihre Unsterblichkeit

Cic. de leg. I,8 § 24 - 25; Tusc. I,26 § 65; 27 § 66

24: disputare wissenschaftl., philosoph. erörtern, untersuchen, vortragen – **conversio** Umdrehung, periodische Wiederkehr –

maturitas Reife, rechte Zeit, richtiger Zeitpunkt – **cohaerere 2.** zusammenhängen, verbunden, verwachsen sein – ingenerare einpflanzen – **agnatio (agnatus, agnascor 3.)** Blutsverwandtschaft – **stirps, -is, f.** Wurzelstock, Geschlecht, Herkunft, Ursprung

25: haberi 2. gehalten werden, gelten, sich vorstellen – **agnoscere 3.** erkennen, wiedererkennen

65: Euripides: griech. Tragödiendichter 480 - 406 v. Chr. – **umor** Feuchtigkeit, Flüssigkeit – **Consolatio** verlorene Trostschrift Ciceros, nach dem Tode seiner Tochter Tullia verfaßt

66: cogitatio das Denken, Denk- u. Vorstellungsvermögen, Gedanke, Vorstellung – **sola divina** göttliche Tätigkeiten – **singularis** einzeln, eigentümlich, einzig in seiner Art – **usitatus** gebräuchlich, üblich – **sapere (-io) 3.** schmecken, Geschmack haben, Verstand haben – **vigere 2.** lebenskräftig sein, kräftig sein, sich regen – **solutus (solvere 3.)** gelöst, ungebunden, selbständig – **concretio** Verbindung, Materialität, Körperlichkeit

c) Die Vernunft: der führende Seelenteil

Cic. de nat. d. II,11 § 29; Tusc. II,20 § 47, 21 § 48; Sen. ep. 92, 1, 8

29: solitarius alleinstehend, für sich

47: demissus (demittere 3., animum demittere) gesenkt, bescheiden, demütig, kleinmütig – **humilis** niedrig, schwach, ärmlich, kleinmütig – **enervatus** entnervt, kraftlos – **languidus** matt, schlaff, untätig – **praesto esse** zugegen sein, bei der Hand sein – **coniti 3.** sich aufrichten, emporarbeiten

48: se gerere 3. sich betragen, sich benehmen, sich zeigen – **constringere 3.** zusammenschnüren, binden, fesseln, in Schranken halten – **custodia** Bewachung, Kontrolle

1: convenit inter nos Übereinstimmung kommt zustande unter uns – **acquirere 3.** hinzuerwerben, verschaffen – **minister (minor)** Diener, Untergebener – **ministra** Dienerin

8: irrationalis (rationalis) unvernünftig – **referre** zurücktragen, führen, beziehen – **perferre** hintragen, zu Ende bringen, durchführen, durchsetzen; andere Lesart: referre – **ambitiosus** ehrgeizig – **impotens (sui)** nicht mächtig, zügellos, unbändig – **affectio** Einwirkung, Seelenstimmung, Gemütsverfassung, -bewegung, Affekt – **effrenatus** zügellos, unbändig – **enervis**

kraftlos, matt — **abiectus (abicere, -io 3.)** weggeworfen, verworfen, niedrig

A: 1. Bei Homer bedeutet ψυχή (= Psyché = Seele) das Lebensprinzip, das mit dem Tode entweicht; es bleibt nur ein schattenhaftes Abbild; man tröstete sich mit dem Fortleben des Ruhmes. 2. Anaximander und Anaximenes bezeichnen die Seele als „luftartig". 3. Nach Pythagoras ist die Seele unsterblich und gottähnlich; Philolaos, ein Vertreter der jüngeren Pythagoreer (um 450 - 400), formuliert als erster die „σῶμα-σῆμα-Lehre" (= sóma-séma-Lehre): der Leib ist das Gefängnis der Seele. 4. Heraklit wiederum läßt die Seele nach ihrer Trennung vom Leib in die ihr gleichartige Weltseele zurückkehren. 5. Die Atomisten Leukipp und Demokrit sowie auch Epikur lehren: die Seele ist aus unzähligen, sehr feinen, glatten, runden Atomen zusammengesetzt, die, über den ganzen Körper verstreut, wie ein Motor den Körper bewegen. Beim Tod hört diese Bewegung auf und die Atomverbände, die die Seele bilden, lösen sich auf und werden zerstreut. 6. Empedokles verlegt den Sitz der aus den vier Elementen gemischten Seele in das Herzblut, weil hier, wo die Elemente am besten gemischt sind, die Denkkraft am stärksten ist. 7. Platon unterscheidet drei Seelenteile mit gesonderter Existenz: die Vernunft im Kopf, das Mutartige in der Brust, das Begehrende im Unterleib. Die immaterielle Seele ist für ihn nicht nur post-, sondern auch präexistierend, auf Erden aber an den Leib als Gefängnis gefesselt. 8. Andere Anhänger Platons unterscheiden nur zwischen dem λογικόν (= logikón) und dem ἄλογον (= álogon) = ratio - appetitus; rationalis - irrationalis. 9. Nach Aristoteles vereinigt der Mensch die Seelenvermögen der unter ihm stehenden Organismen (anima sensitiva, anima vegetativa), zu dem noch als besonderer Vorzug der νοῦς (= nus) = Geist als unbewegter Beweger kommt, der den Leib zu etwas Lebendigem macht. Die übrigen Seelenvermögen sind vom Leib nicht trennbar und daher vergänglich, der Geist besitzt ewige Existenz und ist unsterblich.

B: zu **a)**: 1. Die menschliche Seele ist nach der Lehre der Stoa körperlich, ist wärmehaltiges Pneuma, das von Zenon als feurig (ignis) bezeichnet wird. Dieses dem Menschen eingeborene, innere Seelenpneuma zeichnet sich durch einen höheren Grad der Feinheit aus.

2. Für Zenon und Chrysipp hat der höhere und leitende Seelenteil seinen Sitz im Herzen als dem Zentralorgan, da aus der Brust die Stimme hervordringt und damit auch die Gedanken, außerdem auch bei seelischen Erregungen vor allem das Herz in Mitleidenschaft gezogen wird. Kleanthes dagegen verlegt den Sitz des seelischen Zentralorgans in den Kopf.

3. Vom Zentralorgan dehnt sich das Seelenpneuma räumlich

durch den ganzen Körper aus und steht mit ihm in Wechselwirkung.

zu b): 1. Die nur der menschlichen Seele angeborene Gottesvorstellung (notitia dei), die gleichsam eine Erinnerung an ihren Ursprung ist, beweist ihre göttliche Herkunft (ex mente divina). „Der Mensch erkennt das Göttliche mit Hilfe des Göttlichen in ihm selbst" (Gigon).
2. Gewisse Eigenschaften der Seele (vis memoriae, mentis etc.) weisen über das Animalische hinaus und geben dem Menschen Anteil am Göttlichen (divina).
3. Die menschliche Seele ist wie die göttliche Natur nicht aus irdischen Stoffen zusammengesetzt und daher unsterblich.
4. Für Zenon und Kleanthes existieren die Seelen aller Menschen nach der Trennung vom Leib individuell weiter bis zum periodischen Weltenbrand, wo sie sich in das Urpneuma auflösen und in die Weltseele zurückkehren. Poseidonius glaubt an eine individuelle Unsterblichkeit, weil die Seele erste Bewegung und unauflöslich ist. Nach Cicero und Seneca, für die der Unsterblichkeitsglaube vor allem aus ethischen Gründen unentbehrlich ist, ist der Tod „aut finis aut transitus".

zu c) 1. Die Seele besteht nach der Anschauung der Stoa aus acht Teilen, von denen sieben als „Trabanten" dem „Hegemonikon" dienen.
2. „Wie die Spinne in der Mitte des Netzes sitzt und mit Hilfe der Fäden merkt, wenn in dieses eine Fliege gerät, so sitzt das Hegemonikon im Herzen und vernimmt dort, was die Sinne übermitteln" (Chrysipp).
3. Als „Denkseele" oder „Logos" übt das Hegemonikon die höheren seelischen Funktionen aus und sichert die Einheit der Seele: es verarbeitet Eindrücke, bildet Begriffe, denkt und handelt, überschaut Vergangenheit und Zukunft und stellt Kausalzusammenhänge her.
4. Vom Hegemonikon gehen nach Zenon und Chrysipp wie Polypenarme die sieben besonders lokalisierten Pneumaströmungen aus: die fünf Sinne + Sprache + Zeugungsvermögen.
5. Poseidonius unterscheidet im Gegensatz zu Chrysipps reinem Intellektualismus und in Anlehnung an Anschauungen der Akademie und des Aristoteles zwei Seelenvermögen: rationales irrationales (Logos - Triebleben), wobei das letztere aber

wieder in das Mutartige und das Begehrende unterteilt wird. Die Vernunft gebietet über das Triebleben.

C: Auch Plotin unterscheidet drei Schichten des Seins: Geist, Seele, Leib, wobei Seele und Materie aus dem Geist hervorgegangen sind; die Seele ist unkörperlich. Augustinus bezeichnet die Seele als „substantia spiritualis, rationis particeps, regendo corpori accomodata, incorporea, indissolubilis"; Thomas von Aquin charakterisiert sie als „anima humana, cum sit omnium corporum cogniscitiva, est incorporea et subsistens". Für Descartes sind Leib und Seele „substantiae incompletae", die durch Gott geeint sind, die Seele ist unstofflich, unausgedehnt, einfach, unvergänglich, denkendes Wesen. Ebenso sieht Spinoza in der menschlichen Seele die „idea corporis": „hinc sequitur mentem humanam partem esse infiniti intellectus Dei".
Während es also Aufgabe der Philosophie und Theologie ist, sich mit Gott, mit dem Wesen der Seele, ihrer Herkunft, ihrer Unsterblichkeit zu beschäftigen, begnügt sich die neue Wissenschaft der Psychologie des 19. Jhdts, wie z. B. die schottische Schule, mit der Beschreibung der inneren Sachverhalte, der offenkundigen Äußerungen, versucht man später diese Fakten zu erklären und miteinander zu verbinden. Unter dem Einfluß des wissenschaftlichen Materialismus, der nur die Materie als Realität gelten läßt, leugnet die damalige Psychologie jede Eigenständigkeit des Geistes, der als bloße Folgeerscheinung der Materie behandelt wird. Für Freud, einen Vertreter der modernen Psychologie, zählt das tiefe Leben der Seele mehr als ihre offenkundigen Äußerungen. Mit Hilfe der Psychoanalyse versucht er Zugang zu der geheimnisvollen Welt des Unbewußten zu gewinnen. Seine Anhänger unterscheiden drei Schichten der Psyche, das Unbewußte als Hort der Triebe und verdrängten Gefühle (das „Es"), als Gegeninstanz das „Ich" und in ständiger Reibung mit ihnen das „Über-Ich". Spätere, besonders Jung, tragen der fundamentalen Einheit und großen Vielschichtigkeit mehr Rechnung: Hauptfunktionen des Bewußtseins sind das der Welt des Objekts und dem Äußeren zugewandte Denken, die schöpferische Eingebung, die Empfindung (beide von Jung irrational genannt) und das ebenfalls als rationale Funktion aufgefaßte Gefühl, das das subjektive Erfassen der Welt vollzieht (nach Lepp, Klarheit und Finsternisse der Seele S. 53, 54).

1. Auf welche Anschauung von der Seele lassen die Grundbedeutungen der Wörter „anima" und „spiritus" schließen? (S 2)
2. Welche weiteren Beweise für die Unsterblichkeit der Seele bringt Cicero in Tusc. I,13 § 30; 15 § 35; 16, § 36? (H 2)
3. Welche Stellung zu den moralischen Werten ergibt sich aus der stoischen Seelenlehre und der Psychologie Freuds? (H 3)
4. Welche Lehrmeinungen in Philosophie, Psychologie und Medizin gibt es über die Wechselbeziehungen von Leib und Seele (Psychosomatik)? (H 1)

5. Versuchen Sie eine Stellungnahme zu den von .Lepp, Seite 32/33, gestellten Fragen, die für jeden Menschen von höchster Bedeutung sind: „Ist es möglich, die Existenz eines ‚inneren Lebens' im Menschen zu leugnen, eines Lebens, das nicht auf körperliche Vorgänge rückführbar ist? Sind die Denkvorgänge nicht etwas anderes als die Sekretionen eines Gehirns, das nur entwickelter, vielschichtiger wäre als das der Tiere? Kann man die menschlichen Affekte für Produkte dieses o. jenes körperlichen Organs halten? Ist das moralische Bewußtsein nichts als das Ergebnis einer anhaltenden gesellschaftlichen Dressur? Sind Selbstbewußtsein und Freiheitsliebe nur Illusionen? " (H 4)

5. Affekte: von der Vernunft nicht mehr beherrschte Gemütsregungen

Cic. Tusc. IV,6 § 11, Tusc, IV,9 § 22; Sen. de ira II, IV,1 - 2

11: perturbatio Verwirrung, Leidenschaft, Affekt – **commotio** Bewegung, Erregung, Aufregung – **opinatus** (opinari) vermeintlich, eingebildet – **libido** Begierde, Lust, Verlangen, Trieb – **aegritudo** (seelisch) Kummer, Gram, Sorge, Gemütskrankheit – **instans** unmittelbar bevorstehend, gegenwärtig
22: intemperantia Mangel an Mäßigung oder Selbstbeherrschung, Unmäßigkeit – **temperantia** das Maßhalten, die Mäßigung, Selbstbeherrschung – **consideratus** überlegt, (wohl) erwogen
1: efferre heraustragen, über das Ziel hinaustragen, (von Affekten): fortreißen, hinreißen, pass.: übermütig werden – **motus, -us, m.** Bewegung, Gemütsbewegung – **comminatio** Drohung, Bedrohung – **contumax** trotzig, widerspenstig, eigensinnig – **vindicare** Rechtsanspruch erheben, gerichtlich beanspruchen, befreien, bestrafen, rächen – **utique** jedenfalls
2: oscitatio das Gähnen, – **ad** = auf - hin – **intentatio** das Ausstrecken (digitorum) – **extenuare** dünn machen, vermindern – **iudicium** Urteil, Überlegung

A: 1. Bereits die frühgriechischen Dichter führen uns Menschen vor in ihrem Kampf zwischen Vernunft und Leidenschaft, die Sophisten und Redelehrer lehren, Affekte im gegebenen Augenblick zu erregen und zu nutzen. 2. Platon nennt sie im „Protagoras" ein Danebengreifen der Vernunft und unterschiedet vier: Lust, Leid, Begierde und Furcht.

3. Nach Aristoteles sind Affekte Gemütsbewegungen, die teils von der Seele, teils vom Leib ausgehen und mit Lust oder Leid verbunden sind.

B: 1. Zenon lehrt: ein Affekt entsteht, wenn dem Logos genügende Spannkraft (Gesundheit, Widerstandskraft, Aktivität) fehlt und die im Triebleben vorhandenen Gefühle und Begehrungen bei Erregungen von außen her das Maß überschreiten und außer Kontrolle des Logos geraten, der die Selbstbeherrschung verloren hat (intemperantia).
2. Für Chrysipp sind Affekte Wandlungen des einheitlichen Logos, die auf Mangel an Erkenntnis, auf fehlerhaftem Urteil und bloßer Meinung (opinatio) beruhen.
3. Poseidonius dagegen betrachtet den Affekt nicht als einen intellektuellen Vorgang, sondern als Erscheinung des irrationalen Seelenteils.
4. Seneca unterscheidet bei der Entstehung des Affektes a) ein Vorstadium, in dem starke Eindrücke unwillkürliche Regungen hervorrufen, ohne daß der Logos dabei beteiligt ist; b) erst das zweite Stadium ist ein Willensakt, in dem eine aktive Bewegung im Hegemonikon (also kein Erleiden) der Vorstellung seine Zustimmung gibt, wobei der Logos eine Wandlung zum Krankhaften, zum Affekt, „erleidet" (Pathos).
5. Die Affekte stören die Harmonie der Seele und hemmen die Freiheit.
6. Die Ethik der Stoa unterscheidet auch „edle" Affekte: der Begierde entspricht als edler Affekt der rechte Wille, der Furcht die Vorsicht, der Lust die Freude.

C: Auch für Gregor von Nyssa stammen die Affekte vom Leib her und sind beim Menschen Krankheiten der Seele, für Augustinus eine Verkehrung (Perversion) des Willens, für die Scholastiker eine Verkehrung der ursprünglichen, gottgewollten Ordnung der Seelenkräfte. Descartes, der die Seele für ein denkendes Wesen hält, läßt die Affekte durch Wechselwirkung mit dem Körper als Gefühls- und Willensregungen entstehen; er unterscheidet die rein körperlichen Gefühle oder natürlichen Triebe, bei denen sich die Seele passiv verhält (Hunger, Durst), die fünf Urtriebe (Lust, Unlust, Liebe, Haß, Begierde), bei denen die Seele erst passiv, dann aktiv ist, und schließlich als höchste Stufe die Affekte, bei denen sich die Seele rein aktiv verhält (z. B. Bewunderung). Auch Spinoza kennt drei Grundaffekte: Lust, Unlust, Begierde, aus denen sich andere ableiten lassen (Affekt = confusa idea). Kant sieht im Affekt „diejenige Bewegung des Gemüts, die es unvermögend macht, sich nach freier Überlegung durch Grundsätze zu bestimmen". Die neuere Psychologie definiert die Affekte als intensive, gefühlsartige Erlebnisse mit lebhaften physiologischen Begleiterscheinungen. Wundt unterscheidet außerdem sthenische Affekte, die aktives seelisches und physiologisches Verhalten zeigen (Zorn, Freude, Begeisterung) und asthenische mit lähmender, hemmender Wirkung (Furcht, Trauer, Sorge).

1. Prägen Sie sich die Definitionen der vier Grundaffekte ein! (S 2, H 2)
2. Welches sind die aus den Grundaffekten abgeleiteten anderen Affekte nach Cic. Tusc. IV, 7 - 9 § 16 - 21? Wie lautet ihre Definition? (S 2, H 2)
3. Welche Einstellung haben die Peripatetiker zu den Affekten? (Cic. Tusc. IV, 19, 20 § 43 - 46) (H 3)
4. Begründen Sie, inwiefern die stoische Affektenlehre sich folgerichtig aus ihrem System ableitet! (H 3)
5. Welche Vorstellung liegt zugrunde, wenn für eine im Affekt begangene Tat mildernde Umstände zugebilligt werden? (G 3)

6. Wollen heißt: mit Vernunft begehren

Cic. Tusc. IV,6 § 12; Sen. ep. 95, 57 - 58

12: in opinione versari auf Einbildung beruhen — **illicere (-io) 3.** anlocken, verführen, leiten — **gestire** ausgelassen sein, sich freudig gebärden — **species, -iei, f.** Anblick, äußere Erscheinung, Vorstellung — **cuiuspiam** (quispiam = quisquam): Gen. objekt. — **constans** sich gleichbleibend, fest, unveränderlich, besonnen — **aversus** abgewandt
57: actio das Handeln, die Handlung — **habitus, -us, m.** Haltung, Befinden, Zustand — **exigere 3.** heraustreiben, fordern, untersuchen, abwägen — **ad verum redigere 3.** auf den wahren Wert zurückführen
58: subinde gleich darauf, immer wieder, schnell nacheinander — **reponere 3.** wieder hinstellen, wieder zurück an seinen früheren Ort stellen, legen — **intermittere 3.** dazwischentreten lassen, unterbrechen, zeitweilig aussetzen — **alternis** (adv.) abwechselnd — **iactatio** das Hin- und Herwerfen, Wankelmut — **liquet** es ist klar, deutlich — **regimen, -inis, n.** Lenkung, Leitung — **fama** Gerede der Leute, Urteil der Menge, öffentl. Meinung — **decretum** Beschluß, philosoph.: Lehrsatz, Grundsatz, Prinzip

A: Bei den Griechen erscheint zunächst der Wille noch nicht als selbständiges seelisches Vermögen: 1. Sokrates appellierte mit seinem Satz „Tugend ist Wissen" nicht an den Willen, sondern an die

Erkenntnis. 2. Platon unterscheidet zwar zwischen den seelischen Vermögen des Begehrens und Wollens, die aber nicht durch einen einheitlichen Willen gelenkt werden, sondern durch die Erkenntnis des Guten. 3. Aristoteles vertritt die Meinung: Begehren ist sinnlich, das Wollen geht vom Intellekt aus.

B: 1. Nach Zenon, der das Triebleben als eigenes Seelenvermögen anerkannte, muß der erkennende Logos nicht nur die Herrschaft über die Triebe, sondern auch die Entscheidung über ihre Entwicklung haben. Auch für die Stoiker ist der Wille des Menschen keine eigene, vom Intellekt unabhängige psychische Funktion und Energie.

2. Erst bei den Römern, vor allem bei Seneca, wird der Wille zum entscheidenden Faktor bei der Selbsterziehung, in der sittlichen Erziehung. Für ihn ist der Wille nicht Sache des Intellekts („Velle non discitur"), er kommt aus den Tiefen der Seele und bedarf angestrengter Arbeit.

C: Auch für Augustinus ist der Wille als Vermögen der Seele, sich selbst zu bestimmen, der Kern des Menschen. Nach Albertus Magnus dagegen ist der Wille mit dem Verstand als dessen ausführende Kraft verbunden („Voluntas in rationali natura intellectui coniuncta est"), ebenso nach Thomas von Aquin: „Intellectus altior et prior voluntate". Duns Scotus betont wieder den Willen: „Voluntas est motor in toto regno animae." „Voluntas imperans intellectui est causa superior respectu actu eius." In der Philosophie der Neuzeit zählt Descartes den Willen zu den „actiones animae" und unterscheidet innere und äußere Willenshandlungen, läßt Hobbes den Willen aus der Überlegung entspringen und definiert Kant ihn als ein in der Vernunft begründetes Begehrvermögen der vernünftigen Wesen, „ihre Kausalität durch die Vorstellung von Regeln zu bestimmen".

Die moderne Psychologie definiert den Willen als die Fähigkeit des Ichs, Triebfederziele bewußt zu bejahen und anzustreben bzw. abzulehnen und zu meiden. Er ist bewußtes Streben, im Unterschied zum unbewußt triebhaften, instinktgesteuerten Streben, das in Reinform beim ichlosen Tier begegnet. Im Gegensatz zum bloßen Wünschen als einem unvollkommenen Wollen kennzeichnet den vollendeten Willensakt der Entschluß, alle verfügbaren leib-seelischen Energien für ein vorgenommenes Ziel einzusetzen (nach Remplein, Psychologie der Persönlichkeit, S. 275).

1. „Benevolentia" heißt griechisch εὔνοια (eúnoia), zusammengesetzt aus εὖ (eu = gut) + νοῦς (nus = Verstand). Welche unterschiedliche Auffassung vom Willen bei Griechen und Römern kommt schon in dieser Wortbildung zum Ausdruck? (S 3, H 3)
2. Wie nennt man die einseitige Betonung des Verstandes? (S 2)

3. Informieren Sie sich, welche Auffassungen über die Kraftquelle des Willens sich gegenüberstehen? (H 1)
4. In welchen Eigenschaften offenbart sich Willensstärke? Welche negativen, aber auch positiven Eigenschaften ergeben sich aus der Willensschwäche? (H 2)

7. Willensfreiheit und Fatum

Cic. de fato XVII,39; XVIII,41

39: fatum Götterspruch, Wille, Weltordnung, Schicksal — **una - altera - honorarius** ehrenhalber geschehend, Ehren . . . — **medium ferire** die Mittelstraße einschlagen — **se applicare** sich (an jmd.) anschließen
41: improbare mißbilligen — **praeponere 3.** vorangehen — **retinere 2.** zurückhalten, beibehalten — **adiuvantes (causae)** mitwirkende — **principales (causae)** — **proximae (causae)** Haupt-, Nebenursachen

A: In der vorphilosophischen Zeit wurden Verfehlungen nicht dem eigenen Willen, sondern einer irreführenden, übermächtigen Gottheit zugeschrieben. In der Philosophie der Antike verstand man unter Willensfreiheit hauptsächlich die ethische, d. h. die Fähigkeit, sinnliche und andere Triebe durch vernünftig-ethische, soziale Motive zu beherrschen, inneren und äußeren Verlockungen zu widerstehen, und die psychologische, d. h. die Fähigkeit des selbständigen, persönlichen, überlegten, besonnenen Wollens und Handelns (= Wahlfreiheit). 1. Nach Sokrates ist nur der frei, der vernünftig-sittlich handelt. 2. Unfrei ist für Platon der von Begierden Gefesselte. 3. Ebenso ist nach der Meinung des Aristoteles das von außen erzwungene und das unwissentliche Handeln unfrei; freiwillig handeln heißt: aus sich selbst handeln, selbst das Prinzip des Handelns sein. Nach einer anderen Tradition, auf die sich Cicero an obiger Stelle bezieht und die auf verlorene Werke des Aristoteles zurückgeht, ist die Schicksalsnotwendigkeit auf die supralunare Region beschränkt, während die sublunare nicht mehr determiniert ist. 4. Die Epikureer begründen neben der strengen Kausalität die Freiheit des Willens folgendermaßen: dieselbe Möglichkeit der freien Abweichung, die im Atom liegt, führt auch zur Freiheit des menschlichen Handelns (Lukrez, II, 251 - 293).

B: 1. Im Anschluß an die Lehre Zenons, daß der Mensch nicht nur am äußeren Geschehen nichts ändern könne, sondern auch sein inneres Seelenleben determiniert sei, wurde zum ersten Mal in Griechenland die Frage, ob der Mensch in seiner Entscheidung frei sei, in ihrer ganzen Schwere erfaßt (nach Pohlenz, Stoa S. 104).

2. Da durch diese Lehre Zenons die ganze stoische Ethik der sittlichen Verantwortlichkeit aufgehoben würde, fand Chrysipp folgende Lösung: so wie in der Medizin seiner Zeit beim Entstehen einer Krankheit zwischen äußerem Reiz und der die Krankheit erst auslösenden Disposition des Körpers unterschieden wurde, so unterschied Chrysipp bei Willensentscheidungen zwischen der ohne unser Zutun als äußerer Reiz (causa adiuvans) auftretenden Vorstellung, die ein Glied der Kausalreihe ist, und der für unser Handeln entscheidenden Ursache (causa principalis), der Synkatathesis (Zustimmung), die bei der Vernunftanlage des Menschen ein Akt der freien Selbstbestimmung ist.
3. Wie die Entscheidung ausfällt, hängt von der Beschaffenheit der Seele, des Logos, und diese wieder von verschiedenen Faktoren ab, so daß diese letzten Endes auch wieder ein Glied der Kausalreihe ist.
4. Trotzdem trägt der Mensch die volle Verantwortung für sein Handeln, weil ihm von der Natur aufgegeben ist, seinen Logos auszubilden.

C: In der Spätantike vertritt Boethius den Kausaldeterminismus nur für die vernunftlose Welt, „manet intemerata mortalibus arbitrii libertas". In der Scholastik dagegen bestand eine Neigung zum absoluten Indeterminismus. Die Reformatoren Zwingli, Calvin, Luther vertraten den theologischen Determinismus. Von den Philosophen der Neuzeit ist für Descartes die Wahlfreiheit eine unzweifelhafte Tatsache; die Willensfreiheit widerstreitet nicht dem Wirken Gottes auf den Menschen, während Spinoza und Hobbes den metaphysischen Determinismus lehren (= Abhängigkeit des Willens von äußeren und inneren Ursachen). Kant verbindet den psychologischen Determinismus (= Trieb und Neigung heteronom) mit dem ethischen Indeterminismus (autonom): „Ein freier Wille ist ein Wille unter sittlichen Gesetzen".
Für die Philosophie ist also die Idee der Freiheit des Willens eine unerläßliche Voraussetzung für Erziehung, Rechtsprechung, Ethik und Religion. Nach der Anschauung der modernen Psychologie ist der Grad der Willensfreiheit je nach Situation sehr verschieden. Von dem einen Extrem völliger Freiheit infolge des Fehlens irgendwelcher Motive bis zu dem anderen Extrem völliger Unfreiheit dank des Vorhandenseins zwingender Motive nimmt die Freiheit der Entscheidung ständig ab. Aber das bedeutet keine Minderung der Verantwortung, die einmal darin besteht, daß der Mensch die Gründe seines Handelns mehr oder weniger einzusehen vermag, und zum anderen zwischen niederen und höheren Werten zu unterscheiden imstande ist (nach Remplein, Psychologie der Persönlichkeit S. 274/75).

1. Gliedern Sie den ersten Satz, der von „ac mihi quidem . . ." bis „liberatos volunt" reicht, und versuchen Sie eine dem deutschen Satzbau angemessene Übersetzung! (S 3)
2. Welche Bedeutungen von „cum" liegen vor a) zu Beginn von 39: „cum . . . fuissent", b) zu Beginn von 41: „cum improbaret", c) „cum dicimus", d) „cum non essent in nostra potestate"? (S 2)
3. Willensfreiheit und Notwendigkeit aus christlicher Sicht nach Augustinus, de civ. d. V, 10! (H 3)

B Grundwerte und Grundhaltungen stoischer Ethik

1. Das Vernunftgesetz = Naturgesetz = göttliches Gesetz bestimmt die Normen des sittlichen Verhaltens

Cic. de re publ. III,33 = Lactantius, inst. div. VI,8, 6 - 9; de leg. I,16, 17 § 44 - 46

33: congruens (congruere 3.) übereinstimmend — **diffusus** (diffundere 3.) ausgedehnt, ausgebreitet — **obrogare (alicui)** durch ein neues Gesetz aufheben, ändern — **derogare** wegnehmen, (Gesetze) teilweise abschaffen, beschränken — **abrogare** durch Volksbeschluß abschaffen — **disceptator** (disceptare = entscheiden) Schiedsrichter — **lator** (legem ferre) Antragsteller — **poenas luere 3.** Strafe erleiden, büßen
44: atqui (advers.) gleichwohl, indes, aber doch, dagegen; im Untersatz des Syllogismus: nun aber — **honestus** geehrt, ehrenvoll, ehrbar, anständig, sittlich gut — **turpis** häßlich, schändlich, unsittlich — **intellegentia** Verstand, Einsicht, Begriff, Vorstellung — **incohare** anfangen, den Grund legen zu
45: catus gewandt, gescheit — **habitus, -us, m.** Haltung, (das durch Haltung des Körpers bedingte) Aussehen, Äußeres, Zustand, Beschaffenheit, persönl., individuelle Eigenschaft — **consequens** logisch, folgerichtig, vernünftig
46: ingenium natürl. Begabung, geistige Anlagen, individueller Charakter, Temperament, Talent, Natur — **(non) habeo, quod** mit Konjunktiv — **ni = si non**

A: 1. Für den Vorsokratiker Heraklit ist die Weltvernunft (λόγος = lógos) = Weltgesetz (δίκη = díke), dem sich alles fügen muß und soll: „Alle menschlichen Gesetze nähren sich von dem einen göttlichen."

2. Auch nach Platons Anschauung ist Gott das Maß aller Dinge und der göttliche νοῦς (= nus) der Leitstern seiner Gesetzgebung, ebenso für Aristoteles.

B: 1. Der römische Jurist Marcian zitiert den Stoiker Chrysipp: „Das Gesetz ist König über alles, über göttliche und menschliche Dinge. Es muß die Autorität sein, die bestimmt, was sittlich schön und was häßlich ist, muß die Richtschnur geben für das, was gerecht und ungerecht ist, indem es befiehlt, was getan werden soll, und verbietet, was nicht getan werden darf."
2. Dieses ewige Gesetz, das vor allen geschriebenen Gesetzen und Staaten existiert und das keine Menschensatzung ist, ist nichts anderes als die göttliche Vernunft, die durch alle Vernunftwesen hindurchgeht und ihr Tun und Lassen regelt (Pohlenz, Stoa S. 133).
3. Dieses Vernunft (Naturgesetz, göttl. Gesetz) ist nicht nur objektive Grundlage für Recht und Gesetz im Staat, sondern auch ein objektives Kriterium für das Sittengesetz.
4. Jedem Menschen sind durch die Keimkräfte des Logos, die er von Geburt an in sich trägt und mit Hilfe derer er objektiv zwischen sittlich Gutem und Schlechtem unterscheiden kann, die Grundlagen (incohavit intellegentias) zur sittlichen Vollkommenheit (Tugend) mitgegeben; zur Vollendung bringen muß er seine Vernunftnatur durch Arbeit an sich selbst.
5. Die Lehre der Stoa vom Naturrecht, daß alles formale Recht seine Grundlage in einer objektiven Rechtsordnung habe, hat in der römischen Kaiserzeit mit zur Ausbildung eines Völkerrechtes geführt, rechtliche Beziehungen zu anderen Völkern auf der Grundlage gemeinsamer Rechtsauffassungen zu regeln.

C: Das Christentum wie schon das Alte Testament bezieht die Naturgesetze auf den göttlichen Willen, die göttliche Vernunft. Augustinus lehrt: „Ratio divina vel voluntas Dei ordinem naturalem conservari iubens perturbari vetans." Im Mittelalter definiert Thomas von Aquin das Naturrecht: „Lex naturae nihil aliud est nisi lumen intellectus insitum nobis a Deo, per quod cognoscimus, quid agendum et quid vitandum." Nach Leibniz gibt es drei Grade des Naturrechts: ius strictum („neminem laedere"), aequitas („suum cuique tribuere"), pietas („honeste vivere"). Auch für Kant ist das Sittengesetz a priori da und muß für alle Wesen notwendig gelten.

1. Erklären Sie, warum in obigen Textstellen der Konjunktiv steht, und prüfen Sie, ob er bei der Übersetzung berücksichtigt werden muß

a) 33: Est vera lex, quae voc**et**, deterre**at**
b) 46: quod laudabile bonum est, in se hab**eat,** quod laud**etur,** necesse est! (S 2)
2. Kennen Sie eine geistige Bewegung Griechenlands, deren Vertreter die Relativierung des Rechtes und der Sitten lehrten? Mit welchen Folgen? (G 2)
3. Übersetzen Sie aus „Pontes" XVI, was im Corpus Iuris Civilis und bei Hugo Grotius (Nr. 1, 14, 15) über das Naturrecht geschrieben steht, und vergleichen Sie diese Anschauungen mit Nr. 5, 8, 9! (S 2, H 2, 3)
4. Worin besteht der Unterschied in der Herleitung des Sittengesetzes der Stoiker und des Christentums? (H 3)
5. Welche Folgerungen haben die Sophisten und Hobbes einerseits und Grotius und die Stoiker andererseits aus dem Naturrecht gezogen? (H 3)
6. Was bedeutet „heteronome" Ethik, was „autonome" Ethik? (H 2)

2. Secundum naturam vivere

Cic. de fin. V,9 § 24 - 26

24. afficere (-io) 3. (jem.) etwas antun, ausrüsten, begaben, in einen Zustand setzen – **affectus** versehen (mit etwas), eingerichtet, beschaffen, disponiert – **institutio** Einrichtung – **tantummodo** nur, lediglich – **quatenus** bis wieweit, inwieweit, inwiefern – **coeptare** anfangen, beginnen – **positum esse in aliqua re** auf etwas beruhen, begründet sein
25: accomodatus angepaßt, angemessen, zweckdienlich – **finis** Grenze, Ziel, Zweck, das Höchste **f. bonorum = summum bonum** das höchste Gut – **explere 2.** vollenden, vervollständigen
26: extremum der äußerste, letzte Teil (Ziel) – **accipere (-io) 3.** annehmen, aufnehmen, auffassen – **ut (omnium artium)** – **sic (commune)** – **versari in aliqua re** sich mit etwas beschäftigen – **summa, -ae, f.** höchste Stelle, Gesamtheit(zahl), Hauptsache, Hauptpunkt, letztes Ziel – **per se** für sich allein, nur durch sich selbst, um seiner selbst willen – **ut** (in Nebensätzen) so daß; (in Hauptsätzen) daher – **requirere 3.** vermissen, bedürfen

A: 1. Nach Platon ergreift der Mensch im Eros das Schöne und Gute deswegen mit Begeisterung, weil es zu ihm gehört, weil es seine urbildliche Natur ist, sein eigentliches besseres Ich; jede auf dem naturhaften Begehrungsvermögen beruhende Moral lehnt er ab. Das sittliche Gut ist absolut. 2. Aristoteles sieht das Wesen der Eudaimonie (Glückseligkeit) und damit das Prinzip des sittlich Guten in der vollkommenen Betätigung der menschlichen Lebensart, nicht in dem Leben schlechthin, noch in dem sinnlichen Bewußtsein, sondern in dem durch den Logos bestimmten Verhalten.

B: 1. Bevor festgelegt werden kann, worin die richtige Lebensführung, die aus der Glückseligkeit folgt, besteht, muß das Lebensziel bestimmt werden:
2. Das Lebensziel ist nach stoischer Anschauung „das, worauf alles, was im Leben getan wird, naturgemäß bezogen werden muß, während es selbst keinen anderen Beziehungspunkt hat".
3. Die Bestimmung des Lebenszieles muß vom menschlichen Urtrieb der Selbstwahrnehmung und Zuneigung zu sich selbst und zu den Mitmenschen ausgehen (siehe Oikeiosis!).
4. Da der Mensch ein vernunftbegabtes Wesen ist und er das spezifisch Menschliche, das für ihn Naturgemäße, diese Vernunft, zur Entfaltung bringen muß, besteht sein Lebensziel nach Zenon darin, in Übereinstimmung mit dem Logos, einheitlich und folgerichtig, zu leben, nach Kleanthes und Chrysipp in Übereinstimmung mit der (allgemeinen) Natur zu leben und so sein Leben zielbewußt nach festen Grundsätzen aufzubauen.

C: Nach Augustinus führt nur eine vom Guten geleitete Neigung zum Glück („inde beatus, unde bonus"). Elemente stoischer Ethik finden sich in der Renaissance, bei Descartes und Spinoza: Ziel der Ethik ist die Selbsterhaltung (conservatio sui), also ein Leben, das der Erhaltung des Körpers und des Geistes dient. Ein Streben nach Erkenntnis entspricht unserer innersten Natur.

1. Bestimmen Sie die in § 26 gehäuft vorkommenden, verschiedenen Bedeutungen von „ut"! (S 2)
2. Beachten Sie die in obiger Textstelle mehrfach vorkommenden Sperrungen (Trennung zusammengehöriger Wörter)! Wie können sie bei der Übersetzung berücksichtigt werden? (S 2)
3. In welchen größeren Zusammenhang ist also nach den bisherigen Erkenntnissen die Lebensführung und das Lebensziel des Menschen einzuordnen? (H 3)
4. Von welchen antiken und modernen Auffassungen über die Stellung des Menschen und der Bestimmung seines Lebenszieles unterscheidet sich die Stoa? (H 4)

3. Das sittlich Gute

a) das höchste und einzige Gut des Menschen ist die Tugend

Sen. ep. 76, 9 - 11

9.: bonum das Gute, gute Beschaffenheit, guter Zustand, Vorzug — **formosus** formvollendet, schön, wohlgestaltet — **motus, -us, m.** Bewegung, Leidenschaft, Affekt — **gravis** kräftig —**mobilis, -e** beweglich, biegsam, melodisch — **luscinius = luscinia**
10.: consummare zusammenrechnen, zur höchsten Vollendung bringen

b) Die keimhaft angelegte Tugend muß unter Anleitung der Philosophie vervollkommnet werden

Cic. de fin. V,15 § 43

43: parvus subst.: kleines Kind — **simulacrum** Abbild, Schein, Schatten — **germen, -inis, n.** Sprößling, Keim — **liberalitas** die dem freien Mann geziemende Denk- und Handlungsweise, edle Gesinnung, Freigebigkeit — **scintilla** Funke — **ratio**: hier: Berechnung, Denkart, Theorie — extremum (subst.) das Ende, äußerster, höchster Punkt — **caligo, -inis, f.** Finsternis, Nebel

c) die Einzeltugenden

Cic. de partitione oratoria XXII, § 76 - 78

76: vis Kraft, Gewalt, Einfluß, Wesen, Bedeutung, — **cernere 3.** scheiden, sondern, genau sehen, einsehen — pass.: erkannt werden, sich zeigen — **calliditas** prakt. Klugheit, geistige Gewandtheit, Lebensklugheit — **prudentia** Vorherwissen, Einsicht in etw., Klugheit, prakt. Verstand — **pollere** 2. vermögen — **unā** zusammen, gemeinschaftlich — **munus, -eris, n.** Aufgabe, Pflicht, Leistung
77: itidem ebenso, auf gleiche Weise — **commodus** angemessen, entsprechend, günstig; **incommodus** unangenehm, ungünstig — **magnitudo animi** = *μεγαλοψυχία* (= megalopsychía) hoher Mut, Sinn (von Panaitios als eigene Kardinaltugend, der die Tapferkeit untergeordnet wurde, eingeführt) — **simul/que - et** ebenso sehr - wie — **altitudo (animi)** Seelengröße — **incommoda capere (-io) 3.** Unannehmlichkeit, Unglück erleiden — **sedatus** ruhig, gelassen

78: communio Gemeinschaft – **bonitas** Güte, Herzensgüte, Gutmütigkeit – **credere 3.** (auch) borgen, leihen – **res creditae** geliehenes Gut – **fides, -ei, f.** (akt.) Glaube, Vertrauen, Treue, Zuverlässigkeit; (pass.) Vertrauen, Glaubwürdigkeit, Gewißheit, Sicherheit – **moderatio** das Zügeln, Maßhalten – **animadvertere 3.** (in aliquem) tadeln, bestrafen, vorgehen – **benevolentia** Wohlwollen, Zuneigung

d) Tugend allein führt zu einem glücklichen Leben

Cic. Tusc. V,13, § 38 - 39; Sen. de. vita beata III,3; IV,2

38: praecipuum Vorrecht, Vorzug – **bestiis aliud alii praecipui**: Beziehungen beachten! – **etsi** konzess. Konj. in Nebens.: wenn auch, obgleich, in Hauptsätzen: indessen – **comparationem habere** sich vergleichen lassen, einen Vergleich zulassen – **decerpere 3.** abpflücken, entnehmen

39: excolere 3. ausbilden, veredeln, vervollkommnen – **acies, -iei, f.** Schärfe, (geistige) Sehkraft – **absolutus** vollendet, vollkommen – **cumulare** aufhäufen, vergrößern, zur vollen Höhe bringen, vollenden

3.: convenit (inter) es kommt zustande, man kommt überein – **convenire** übereinstimmen, harmonieren – **sanitas** geistige Gesundheit, Besonnenheit – **vehemens** heftig, leidenschaftlich, energisch – **pulchre** ganz gut, wohl, völlig – **patiens** geduldig, langmütig – **aptus** (mit Dativ) angepaßt, passend, befähigt – **curiosus** besorgt um – **instruere 3.** erbauen, ordnen, ausrüsten – **diligens** achtsam, umsichtig

2.: fortuitus zufällig, **fortuita, -orum, n.** Zufälle, Geschenke des Zufalls – **placidus** sanft, friedlich, freundlich – **conversari** verkehren, zusammenleben – **cultor** Bebauer, Pfleger, Freund, – **extollere 3.** erheben, ermutigen, übermütig machen

A: 1. Sokrates versteht unter Tugend, die in seiner Lehre ein Zentralbegriff ist, das Wissen um das Rechte, das Sittliche; Tugend ist seiner Meinung nach lehrbar: wer das Gute wahrhaft weiß, tut es auch; niemand handelt wissentlich schlecht. 2. Für die Kyniker ist die Tugend das Ziel des Handelns und ausreichend zur Glückseligkeit, für Aristipp nur ein Mittel zur Lust. 3. Platon definiert die Tugend als Tüchtigkeit der Seele zu dem ihr eigenen Werk; sie wird dabei durch die Erkenntnis des Guten gelenkt, nicht durch einen einheitlichen Willen (nach Pohlenz Stoa, S. 125). 4. Nach der Lehre des Aristoteles ist Tugend ein Zustand der naturgemäßen Ausgeglichenheit in der Mitte zwischen zwei Extremen und eine allgemeine Fertigkeit zu vernunftgemäßer Tätigkeit; er unterscheidet ethische Tugenden, deren Wesen in der Einhaltung der Mitte zwischen zwei Extremen des prakt. Handelns liegt, und dianoëtische Tugenden, deren Ziel entweder ein theoretisches ist (z. B. Auffindung der Wahrheit um ihrer selbst willen) oder ein praktisches (z. B. Auffindung des Richtigen im Handeln).

B: 1. Nach der Lehre der Stoa ist das einzige und höchste Gut die Tugend, d. h. die zur Vollkommenheit gebrachte Vernunft; sie ist mit dem sittlich Guten identisch.

2. Keime zur Tugend hat der Mensch von Geburt an in sich, die er selbst weiterentwickeln muß.

3. Hat der Mensch die Vernunft zum höchsten Grad der Vollkommenheit gebracht, hat er die Tugend, das sittlich Gute, und zugleich das Glück erreicht.

4. Zenon übernahm die vier Kardinaltugenden des Sokrates und Platon, Chrysipp spaltete sie noch in weitere Spezialtugenden auf, beide aber lassen die Einzeltugenden in enger Wechselwirkung miteinander stehen und untereinander untrennbar verbunden sein.

5. Panaitios lehrte zwei Arten tugendhafter Betätigungen, die theoretische und praktische, die er wiederum in ich- und gesellschaftsbezogene unterteilt.

6. Das Gegenteil der Tugend ist die sittliche Verdorbenheit (*κακία* = kakía)

7. „Virtus" im altrömischen Sinn bezeichnet alles, was Zeichen eines tüchtigen Mannes ist, im militärischen und zivilen Bereich. Bei Sallust ist „virtus" das vorzügliche Gesamtverhalten. Schon vor Cicero steht „virtus" für das griechische Wort „*ἀρετῆ*", das die spezifische Eigenschaft eines Dinges oder Wesens in ihrer Vollendung bezeichnet, so daß der Bestandteil „vir" nicht mehr in jedem Fall gefühlt wird. Der altrömische Gehalt besteht aber weiter, besonders bei Vergil. Horaz versteht unter virtus alles Gute in Eigenschaften und Charakter (nach Eisenhut).

C. Für Plotin ist Tugend ein vernünftiges Verhalten, eine *κάϑαρσις* (= kátharsis) der Seele, eine Verähnlichung mit Gott. Die christlichen Tugenden bestehen in Menschen-Gottesliebe, Glaube und Demut. Augustinus schreibt: „Virtus est bona qualitas mentis, qua recte vivitur, qua nemo male utitur, quam Deus operatur in nobis sine nobis" (de lib. arb. II,18) und Alkuin: „Virtus est animi habitus, naturae decus, vitae ratio, morum pietas, cultus divinitatis, honor hominis, aeternae beatudinis meritum." Thomas von Aquin nennt die Tugend „perfectio quaedam", „bona qualitas mentis", die Tugenden sind nach ihm „perfectiones quaedam, quibus ratio ordinatur in Deum . . ." Auch Philosophen der Neuzeit definieren sie in ähnlicher Weise: Descartes „als

Willen zum Vernunftgemäßen", Spinoza „als Fähigkeit, das unserer Natur Gemäße, d. h. der Vernunft Gemäße, als das wahrhaft Nützliche zu tun", Kant schließlich als „moralische Stärke des Willens des Menschen in Befolgung seiner Pflicht". Schiller sieht die Tugend als „Neigung der Pflicht", als freudiges Gehorchen gegenüber dem Sittengesetz.

1. Versuchen Sie nach den Angaben im Wortkommentar zu erklären, wie die verschiedenen Bedeutungen der Wortfamilie „convenire" zusammenhängen, und erläutern Sie die Bedeutung der davon abgeleiteten Fremdwörter „Konvenienz", „Konvention", „konventionell"! (S 2)
2. Was muß also mit den „parvi", die nur „semina virtutum" in sich haben und die bei ihrem „infirma aetas" u. „mens" die „vis naturae per caliginem" sehen, geschehen? (H 2)
3. Wie definiert Cicero, de fin. V,23 § 67 die 4 Kardinaltugenden? (H 2)
4. Übersetzen Sie aus Fitzek, Nr. 96, was Bonaventura über die christlichen Tugenden schreibt, und suchen Sie nach Ähnlichkeiten mit der stoischen Tugendlehre! (H 3)
5. Vergleichen Sie aus Pontes, XVII Nr. 1, 10, 12, 13, 14, was Philosophen der Neuzeit über das höchste Gut und das Glück aussagen, und vergleichen Sie ihre Anschauungen mit denen der Stoa! (H 3)
6. Welche differenzierte Bedeutung hat das Wort „virtus" an folgenden Stellen: bei Lucilius, frg. 1326: „virtus, Albine, est pretium persolvere", bei Cicero, de fin. II,20 § 65, 66, vor allem bei Horaz, sat. I,9 V. 54; sat. I,6 V. 83, sat. I,2 V. 32; sat. II,6 V. 74; carm. III,2 V. 17? (L 3, H 3)

4. Nur Affektlosigkeit ermöglicht die richtige Betätigung des Logos und ein glückliches Leben

Cic. Tusc. V,6 § 15 - 17, de off. I,29 § 101 - 103

15: turbulentus unruhig, aufgeregt, beunruhigend – **iactatio** das Hin- und Herwerfen, heftige Bewegung, Erschütterung – **efferre** heraustragen (über das Ziel hinaus), fortreißen; **elatus** erhaben, hochfahrend, übermütig
16: orbitas das Verwaistsein, Eltern-, Kinderlosigkeit, Verlust der Eltern, Kinder – **elidere 3.** herausstoßen, zerschlagen, zerschmettern, – **exedere 3.** aufessen, verzehren, aufreiben – **futilis** (leicht ausgießbar), durchlässig, unzuverlässig, nichtig –

languidus matt, schlaff, erschlaffend – **liquefacere (-io) 3.** flüssig machen, schmelzen, schwächen – **aura** Lufthauch, Lüftchen

17: ex quo = ut ex eo – ecferre = efferre

101: (causam) probabilem reddere 3. beifallswert, annehmbar, glaubhaft, wahrscheinlich, „begründet" machen

102: elucere 2. hervorleuchten, sichtbar werden – **gestire 4.** sich freudig gebärden

103: contrahere 3. zusammenziehen, einschränken – **animadversio** Aufmerksamkeit, Achtsamkeit – **iocus** Scherz, Spaß – **serius** ernst, ernsthaft

A: 1. Aristoteles lehrt, daß uns die Affekte von der Natur zum Nutzen gegeben sind (der Zorn z. B. als Wetzstein für die Tapferkeit); naturgemäß ist also nach ihm die Metriopathie, d. h. das maßvolle Gewährenlassen der Affekte, nicht die Apathie. 2. Der Hedoniker Aristippos, für den das Glück in der Lust besteht, die von kluger Einsicht beherrscht wird, sah es als notwendige Voraussetzung dazu an, sich von Affekten zu befreien; ebenso wollte Epikur wie vor ihm schon Demokrit die Affekte ausrotten, aber nicht, weil sie die Vernunft bedrohen, sondern weil sie der Erlangung der völligen Seelenruhe, der Unerschütterlichkeit (ἀταραξία = ataraxía), als höchstem Gut im Wege stehen. 3. Der Skeptiker Pyrrhon wiederum verstand unter Apathie die völlige Unempfindlichkeit gegenüber der Außenwelt.

B: 1. Nach der Lehre der Stoa sind Affekte Krankheitserscheinungen der Seele, deren Harmonie sie stören und die die Menschen am vernunftgemäßen Handeln hindern.
2. Ziel der Stoa ist es, die Affekte auszurotten bzw. von ihnen überhaupt frei zu bleiben, um eine ungehinderte Betätigung des Logos zu ermöglichen (Apathie).
3. Apathie im Sinne der Stoa bedeutet nicht Gefühllosigkeit, sondern nur Freiheit von unvernünftigen, das Maß überschreitenden Trieben. „Noster sapiens vincit quidem incommodum omne, sed sentit, illorum (= Megariker) ne sentit quidem." (Sen. ep. 9)
4. Die Philosophie hat daher auch die Aufgabe, besonders durch vorbeugende Maßnahmen das Entstehen von Affekten zu verhindern, indem sie ihren Anhängern die Schwäche, Wandelbarkeit und Hinfälligkeit der menschlichen Dinge bewußt macht und die Tugend als das einzige Gut hinstellt.

C: Auch Philon von Alexandria wertet die Apathie als Mittel zur Erlangung der Glückseligkeit; ebenso fordert Augustinus zur Beherrschung der Leidenschaften auf. Von den Philosophen der Neuzeit empfehlen Kant und Spinoza eine geläuterte, nicht stumpfsinnige Apathie.

1. Stellen Sie die im o. Text vorkommenden lat. Ausdrücke für die im Sinne der Stoa positiven und negativen seelischen Regungen und Haltungen zusammen! (S 2, H 2)
2. Nennen Sie Beispiele, wie sich innere Regungen im äußeren Ausdruck offenbaren! (H 2)
3. Welcher Grundzug der stoischen Philosophie wird in den beiden letzten Sätzen des obigen Textes erkennbar? (H 3)
4. Welchen Vorteil könnte diese stoische Verhaltensweise der Affektlosigkeit nicht nur für den Einzelnen, sondern auch für die zwischenmenschlichen Beziehungen bringen? (G 3)

5. Pflichten: der vernünftigen Menschennatur anstehende, wohlbegründete Handlungen

Cic. ac. I, X,35 - 37; Cic. de fin. III,17 § 58

35: nervus Sehne, Muskel, pl.: Nerven, Stärke, Kraft, inneres Wesen — **incidere 3.** einschneiden, beschneiden, abschneiden
36: intericere (-io) 3. dazwischenlegen, einschieben; **interiectus** dazwischenliegend — **aestimatio** Abschätzung, Wertschätzung, Hochachtung — **dignari** würdigen, für würdig halten — **relinquere 3.** außer acht lassen — **ponere 3.** feststellen, rechnen, halten für, äußern, behaupten
37: praepositus vorangestellt, bevorzugt — **reiectus** zurückgeworfen, verworfen
58: rationem reddere 3. einen vernünftigen Grund angeben — **probabiliter actum** vgl.: bene factum, male dictum! — **usui esse** vorteilhaft, nützlich sein — **officium**: (in der Komödie: ea actio, quae partibus agentis respondet) das der Rolle gemäße Tun, die Rolle, Handlungsweise; später: das bindend auferlegte Tun, sittliche Verbindlichkeit, Pflicht, Schuldigkeit; Werkverrichtung, Dienstleistung; (id quod facere debet) = Amtsauftrag; aber das lat. Wort „officium" trifft nicht den Vollgehalt des griech. Wortes καθῆκον (kathékon), weil nicht die Logosnatur Fundament des Handelns ist und weil es nicht die wesensmäßig ethische Ausrichtung des Wortes καθῆκον (kathékon) trifft.

A: 1. Platon verzichtet in seinem Idealstaat auf jeglichen Zwang und sein Optimismus gegenüber der Menschennatur begnügt sich mit einem „du kannst". 2. Aristoteles, der den Pflichtbegriff auch noch nicht ausdrücklich kennt, sieht den praktisch erfolgreichsten Weg zur Tugend in dem Gesetz, das die Menschen in bestimmte Bahnen lenkt. Eine solche Legalität ist zwar nicht die ideale Sittlichkeit, ist aber objektiv gesehen wertvoll, da der Durchschnittsmensch im allgemeinen nicht direkt von philosophischen und ethischen Idealen geleitet wird.

B: 1. Zwischen den absolut vollkommenen Tugendhandlungen (*κατορθώματα* = katorthómata) und den Fehlhandlungen liegen die mittleren (media) des täglichen Lebens (*καθήκοντα* = kathékonta).
2. Auch diese mittleren Handlungen, die nicht auf Initiative des Logos, sondern in bestimmten Lebenslagen an uns von außen herantreten, verlangen eine vernunftgemäße Regelung, weil es auch unter ihnen relativ wertvolle, der Gesamtnatur des Menschen entsprechende gibt. (Nach Pohlenz, Stoiker S. 131 ff.)
3. „Officia" (=*καθήκοντα*, kathékonta) sind also der vernünftigen Menschennatur anstehende, wohlbegründete Handlungen.
4. Der Unterschied zwischen ihnen und den Katorthómata – obwohl auch diese oft als *καθήκοντα* (kathékonta) bezeichnet werden – besteht darin, daß die „officia" nicht der vollen sittlichen Erkenntnis und Überzeugung entspringen, ihr Anstoß von außen kommt und sie zur Erreichung unseres sittlichen Zieles und der Glückseligkeit nicht unmittelbar beitragen; beide aber entsprechen der Gesamtnatur, sind naturgemäß und erhalten ihre Normen von demselben Logos.
4. Weil beim Durchschnittsmenschen der Logos getrübt und verfälscht ist, findet er die „zukommenden" Handlungen nicht von selbst, sondern braucht Gebot, Verbot, Ermahnung, was er tun „soll".
6. Zenon hat als erster den Pflichtbegriff in die Philosophie eingeführt, der bei ihm einen viel weiteren Bereich umfaßt als in der modernen Philosophie: zu den „officia" der Stoa gehören u. a. Essen, Trinken, Anstandsregeln, Pflege des Körpers und der äußeren Erscheinung, später vor allem das sittliche Verhalten in der Gemeinschaft.
7. Kaiser Mark Aurel mahnt als röm. Stoiker zur Pflicht: „Frühmorgens, wenn du mühsam erwachst, um als Mensch zu wirken, sollst du dir vorhalten: um als Mensch zu wirken, wache ich auf. Und da will ich noch verdrießlich sein, wenn ich

daran gehe, das zu tun, weswegen ich geworden und um dessentwillen ich in die Welt gerufen worden bin.''

C: Das Christentum faßt die Pflichten als Gebote Gottes auf, als individuelle gegen sich selbst, als soziale gegen die Mitmenschen, als religiöse gegen Gott.
In der Philosophie der Neuzeit definiert Kant die Pflicht als die objektive Notwendigkeit einer Handlung aus Verbindlichkeit und unterscheidet vollkommene Pflichten, die keine Ausnahme gestatten, und unvollkommene, die eine Ausnahme gestatten; meint Fichte: ,,Das Leben ist Zweck nur um der Pflicht willen; die Außenwelt ist nur das versinnbildlichte Material unserer Pflicht'', betrachtet Schleiermacher die Pflicht als sittliches Handeln in Beziehung auf das Sittengesetz.

1. ,,Nervus'' heißt zunächst ,,Sehne, Muskel''. Welche medizinische Anschauung liegt dem zugrunde? (S 2)
2. Cicero hat in seinem Werk ,,de officiis'' gerade die Pflichtenlehre der Stoa den Römern näher gebracht. Inwiefern kam er damit römischer Lebenshaltung entgegen? Vergleichen Sie damit auch die Worte des Kaisers Mark Aurel! (L 3)
3. Wie zeigt Cic. de off. III,26 - 32 § 99 - 112 am Beispiel des Regulus die Auffassung der Römer von der Pflicht? (G 3)
4. Nennen Sie Gestalten aus der Geschichte, die stoische Pflichtauffassung vorgelebt haben! (G 3)

6. Vita activa - vita contemplativa

Cic. de off. I,20 § 70; 21 § 71 - 72

69: tranquillitas Ruhe, Stille, ruhiges Leben — **removere 2. se** sich zurückziehen, fernhalten — **in his**: in his et nobilissimi philosophi . . . fuerunt, qui . . . ferre potuerunt — **longe (principes)** beim Superl. weitaus, bei weitem, — **gravis** schwer, (ge)wichtig, bedeutend, ernst, charakterfest — **propositum** Vorsatz, Lebensplan — **ager**: flaches Land; Gegens.: Stadt
70: otiosus untätig, müßig, frei von Staatsgeschäften — **fructuosus** fruchtbar, ergiebig — **amplitudo** Geräumigkeit, Größe, Ansehen, Würde — **se accommodare** sich (nach etwas) richten, sich hingeben
71: capessere 3. sich (mit etwas) befassen; **c. rem publicam**: die polit. Laufbahn einschlagen — **potestas** Macht, Vollmacht — **concedere 3.** weichen, nachsichtig sein, überlassen — **imperia et magistratus** militär. und zivile Ämter — **offensio** das Anstoßen, der Anstoß, Ärger, Unbeliebtheit, Unglück — **repulsa** Zurück-

weisung, erfolglose Bewerbung um ein Amt – **sibi constare** sich gleichbleiben, konsequent sein

72: adiumentum Hilfsmittel, Unterstützung, pl. = körperl. u. geistige Anlagen, Reichtum, Abstammung

A: 1. Schon Homer und Hesiod haben zu der Alternative zwischen einem tätigen Leben (politisch - kriegerisch) und einem beschaulichen Leben (vornehme Muße oder träger Genuß) Stellung genommen. 2. Später verstand man unter einem beschaulichen Leben die Lebensform des weltabgewandten Erforschers der philosophischen Wahrheit, bes. des Naturphilosophen. 3. Bei Platon ist die höchste Lebensform die, die der Schau (θεωρία = theoría = contemplatio) des ewigen Seins gewidmet ist. 4. Aristoteles dagegen verbindet in seiner Politik VII,3, 1325 b das philosophische Lebensideal mit seinem Staatsziel, indem er das θεωρεῖν (theoreîn) des Philosophen als „schöpferisches Handeln" betrachtet und das „Baumeisteramt" der Philosophie gegenüber der politischen Praxis hervorhebt. 5. In der hellenistischen Philosophie wird teils die „vita contemplativa", teils die „vita activa" bevorzugt.
6. Epikur lehnt ein tätiges Leben, besonders die Politik, ab, da diese nur Unruhe mit sich bringe und ein schmutziges Geschäft sei.

B: 1. Nach Anschauung der Stoa besteht Philosophieren nicht nur in Worten und im Theoretisieren, sondern vor allem im praktischen Tun; der Stoiker liebt die Anstrengung und den Kampf (Vorbild Herakles!).
2. Die Politik ist den anderen Tätigkeiten deswegen vorzuziehen, weil sie naturgemäß ist (Cic. de fin. III,20 § 68), weil das Wohl des Staates den Vorrang vor dem persönlichen Wohlergehen hat und Politik die Möglichkeit zur Verwirklichung höchsten Menschentums bietet.
3. Weil der Staat und die Gesetze zum Wohle der Bürger da sind, und der Staat, wenn er den obersten Vernunftgesetzen entsprechend verwaltet wird, etwas sittlich Wertvolles ist, wird sich auch der Weise im politischen Leben betätigen (Cic. de re p. I, 2, 3; I, 20, 60).
4. Wie viele andere Römer hat auch Kaiser Mark Aurel ein Leben in rastloser Tätigkeit und Pflichterfüllung vorgelebt: „Siehst du nicht, wie die Pflanzen, die Sperlinge, die Ameisen, die Spinnen, die Bienen ihr bestimmtes Werk tun und für ihr Teil ein Stück Weltordnung schaffen? Und willst du nicht dein Menschenwerk tun?"

C: Beide Lebensideale haben auch in der Spätantike und im Mittelalter in unserem Kulturkreis immer wieder ihre Vertreter gefunden: im Neuplatonismus war ein kontemplativer Grundzug vorherrschend, im christl.

Mittelalter versuchte man vor allem im Klosterleben beide Ideale zu vereinen. Eines der Charakteristika der Neuzeit aber ist die Überbetonung der vita activa.

1. Stellen Sie die in obiger Stelle gehäuft vorkommenden Gerundiva zusammen! Welche davon sind attributiv, welche prädikativ gebraucht? Welcher grundsätzliche, auch in der Übersetzung zu berücksichtigende Unterschied besteht zwischen beiden? (S 2)
2. Wie nennt man die Menschen, deren „propositum" es ist, „ut ne qua re egerent, „ne cui parerent", „libertate uterentur", „vivere, ut velis"? (H 3)
3. Inwiefern hat gerade die Oikeiosislehre der Stoa zur Bereitschaft beigetragen, dem Gemeinwohl zu dienen? (H 3, G 3)
4. Welchem Wesenszug der Römer entspricht diese stoische Lebensauffassung? Welche röm. Staatsmänner bzw. Kaiser nahmen sich diese zur Richtschnur? (G 3)
5. Übersetzen Sie aus der Regel des Hl. Benedikt (Fitzek Nr. 68)! Worin besteht bei ihm die vita contemplativa und vita activa? (H 3)
6. Übersetzen Sie „Die Lebensformen" nach Thomas von Aquin (Fitzek Nr. 99)! Untersuchen Sie die Art der Beweisführung! Aus welchem Gedankengut schöpft er? (H 3)

7. Humanitas

a) Der Mensch als animal sociale zum Dienst am Mitmenschen verpflichtet

Sen. ep. 95, 51 - 53; Cic. de fin. V,23 § 65 - 66

51: quantulus wie klein, wie gering, wie wenig — **mansuetus** gezähmt, sanftmütig, mild — **praestare aliquid** etwas verrichten, leisten, tun — **formula** kleine Form, Regel, Vorschrift, Grundsatz
52: cognatus blutsverwandt, verwandt — **indere 3.** hineintun, -setzen, -legen — **mutuus** wechselseitig — **sociabilis, -e** gesellig — **componere 3.** zusammenstellen, zustandebringen, gestalten, stiften
53: in commune für alle, zum Gemeinschaftsgebrauch — **fornicatio** Wölbung, Gewölbe — **obstare** entgegenstehen, hindern, aufhalten

65: illustris hell erleuchtet, klar, bedeutend — **nec: erg. quicquam (quod)** — **late patere 2.** sich weit erstrecken, einen weiten Umfang haben — **communicatio** Mitteilung — **caritas** → generis humani: welcher Genitiv? — **satus, -us, m.** das Säen, Zeugung, Ursprung — **procreator** Erzeuger, pl.: Eltern — **nati** = Kinder — **coniugium** Ehe — **stirps, -is, f.** Wurzel, Geschlecht, Ursprung, Nachkomme — **foras** vor die Tür, hinaus, nach außen — **cognatio** Blutsverwandtschaft — **affinitas** Verwandtschaft durch Verschwägerung — **vicinitas** Nachbarschaft — **complexus, -us,m.** das Umfassen, Umschließen — **munificus** freigebig, mildtätig — **aeque = cum aequitate** — **bonitas** Rechtschaffenheit, Ehrenhaftigkeit — **comitas** Heiterkeit, Freundlichkeit, Güte, Höflichkeit

66: civilis bürgerlich, politisch, sich auf die Mitbürger beziehend — **popularis** das Volk betreffend, auf das Volk sich beziehend — **communitas** Gemeinschaft, Gemeinsinn — **abhorrere 2. ab aliqua re** von etwas abweichen, zuwiderlaufen — **vicissim** abwechselnd, umgekehrt — **se fundere 3.** sich ergießen, sich ausbreiten, -dehnen

b) Alle Menschen sind gleich und daher gleich zu behandeln

Sen. de ben. III, XXVIII, 1 - 3

1: cohonestare mit ehren

2: atrium Atrium (große Halle), Wohnzimmer als Mittelpunkt des Familienlebens — **stemma, -atis, n.** Kranz (als Schmuck der Ahnenbilder), Stammbaum, Ahnentafel — **flexura** Biegung, gewundene Linie — **gradus, -us, m.** Schritt, Tritt, Grad, Stufe, Rang — **decipere (-io) 3.** hintergehen, betrügen, blenden — **fulcire** stützen

3: illo = illuc — **obsoletus** abgenutzt, schäbig, unscheinbar — **libertinus** der Freigelassene — **ante vos haberi** für größer gehalten werden als ihr — **transsilire** überspringen, übergehen

A: 1. Der Mensch ist nach Aristoteles (Politik, I, 2, 1253 a) ein *ζῷον πολιτικόν* (zóon politikón = animal sociale), ein Gemeinschaftswesen, das nur in der Gemeinschaft seinen Lebenszweck erreichen kann. Der Unterschied zwischen Freien (Herren) und Sklaven, die ihr Menschsein nicht verwirklichen können, ist für Aristoteles naturgegeben, ebenso der zwischen Griechen und Nichtgriechen (Barbaren).

B: 1. Da nach der Lehre der Stoa **alle** Menschen Anteil haben an dem göttlichen Logos, den es sowohl durch formale

Schulung als auch durch Aneignung geistiger Gegenstände (= humaniora) zu entfalten gilt und durch den sich die Menschen von den Tieren unterscheiden, sind auch alle Menschen gleich und ohne Rücksicht auf Standes-, Religions-, Volks- und Rassenzugehörigkeit als gleichwertig anzuerkennen und zu behandeln und frei.

2. Da außerdem die Natur dem Menschen nicht nur die Hinwendung zum eigenen Ich, sondern auch zum Mitmenschen eingegeben hat, erstreckt sich seine Sorge auf alle Glieder der menschlichen Gemeinschaft in gleicher Weise, wobei er vor allem **die** soziale Tugend, die jedem das Seine gibt, die Gerechtigkeit, verwirklichen kann.

3. Aus diesen Anschauungen leiteten die Stoiker weitere sozial-ethische Forderungen für ihre Zeit ab (Toleranz, Behandlung der Sklaven u. a.).

4. Die Lehre der Stoa von der Gleichheit aller Menschen führte weg vom stadt- und volksbewußten Bürger („Patrioten") und über die hellenistischen Großreiche und das Imperium Romanum hin zum Bürger des Kosmos (Kosmopolitismus), so daß der Stoiker Epiktet im ersten Jahrhundert n. Chr. sagen konnte: „Bedenke, wer du bist! Zuerst ein Mensch; außerdem ein Bürger des Weltstaates und ein Teil von ihm!"

5. Vom Adjektiv „humanus" (= das eigentlich Menschliche, etwas Würdiges, dem Rohen und Brutalen Entgegengesetztes), von Terenz wohl in Anlehnung an Menander gebraucht, wurde im 1. Jahrhundert v. Chr. im Scipionenkreis das Substantiv „humanitas" gebildet, das, von Cicero verwendet, „Herzens- und Geistesbildung, die Schwäche der menschlichen Natur verstehende Milde, Liebenswürdigkeit und feine Gesittung, Vergeistigung des Lebens" bedeutet. Bei Seneca wurde es nur mehr im stoischen Sinne verwendet, und zwar im Sinne der Philanthropie gegenüber Schwachen und Tieferstehenden.

C: Der stoischen Lehre verwandte Gebote der Menschlichkeit wurden vom aufkommenden Christentum gepredigt. Im Zeitalter des Humanismus wurden diese stoischen Gedanken und Bestrebungen von Petrarca mit denen des Humanismus verbunden, die vor allem Erasmus von Rotterdam mit dem Christentum in Einklang zu bringen versuchte. Im 18. und 19. Jahrhundert war das Humanitätsideal als Bildungsmacht in Dichtung und Lehre spürbar (Lessing, Herder, Schiller, Goethe, Kant, Fichte, Humboldt), das aber später im 19./20. Jh. nach den Anschauungen vor allem des Positivismus, Comtes und Cohens seine religiösen Bezüge verlor und sich in einer Diesseitskultur verankerte.

1. Welche Bedeutungsnuance haben die Wörter „humane - humanus - humanitas" an folgenden Stellen? Ordnen Sie sie nach der jeweiligen Bedeutung! Terenz, adelphoe I/II, 145 (Diesterwegausgabe), Cic. de off. I, 40 § 145; Cic. pro Rosc. Am. 22, 63; Cic. Tusc. III, 27 § 64; Cic. de or. II, 17 § 72; Horaz, epistula II, 2, 70; Cic. de imp. 14, 42; Cic. Tusc. V, 6 § 17; Cic. in Verrem V, 44 § 117; Cic. de div. I, 1, 2; Cic. ad fam. 7, 1 (S 3, H 3)
2. Welchen Einfluß hatten diese Anschauungen der humanitas auf das politische und gesellschaftliche Leben der Römer? Verwenden Sie dazu auch Pontes XI, Nr. 5! (G 3)
3. Wie läßt sich die Gleichheit aller Menschen aus der stoischen Physik erklären? Warum sind wir „membra magni corporis" und „cognati"? (H 3)
4. Nach welchen Vorbildern hat Herder seinen Humanitätsbegriff entwickelt? Finden sich bei ihm Parallelen zur Stoa? Suchen Sie nach einem Unterschied zwischen seiner und Ciceros „humanitas"! Verwenden sie dazu Klingners Aufsatz über „Humanität und Humanitas" in „Röm. Geisteswelt" 1956. (H 3)
5. Informieren Sie sich über das Humanitätsideal des 19. Jahrhunderts und den Neuhumanismus aus Schnabels „Geschichte des 19. Jhdts.", 2. Buch, 2. Abschnitt! (G 2)
6. Was bedeutet „Humanismus" in der Neuzeit und Neuesten Zeit nach den Ausführungen Herders, Jaspers' und Binder-Messerschmitts (in Pontes XI, Nr. 12, 14, 5)? (H 3)

8. Fatum und Willensfreiheit kein Widerspruch

Sen. ep. 107, 8 - 12

8: regnum = Reich (der Natur) — **mutatio** Veränderung, Wechsel — **nubilus** wolkig; **nubilum** die Wolke — **invicem** abwechselnd, einander ablösend, erst der eine, dann der andere — **consurgere 3.** gemeinsam sich erheben
9: aptare anpassen — **obiurgare** tadeln, Vorwürfe machen — **provenire** hervorkommen, entstehen — **murmuratio** das Murren
10: intexere 3. hineinweben, mit etwas verweben, verflechten — **moles, -is, f.** schwere Masse, großes Gebäude (= Weltall)

11: celsus hoch – **polus** Pol, Himmel(sgewölbe)
12: pusillus winzig, schwach – **degener, -is** entartet, unwürdig, niedrig – **obluctari** gegen etwas ringen, ankämpfen

A: 1. In der vorstoischen Philosophie wurde der Widerspruch zwischen Fatum und Willensfreiheit nicht empfunden. Die Griechen jener Zeit spürten und wußten zwar einerseits um die den eigenen Willen von außen her beschränkenden Mächte, andererseits war in ihnen das Gefühl für innere Freiheit lebendig, für die Möglichkeit, ganz nach eigenem Ermessen zur Außenwelt Stellung zu nehmen, und das Gefühl für die vererbte Anlage, aus der unsere sittliche Einstellung und unsere Entschlüsse erwachsen (nach Pohlenz, Stoa, S. 103/104). 2. Auch Platon und Aristoteles, die das Problem der Verantwortung und Zurechnung aufwerfen, denken nicht daran, letzte Folgerungen zu ziehen und das eigene Seelenleben in die Kausalität des äußeren Naturgeschehens einzubeziehen. 3. Für Epikur ist der freie Wille des Menschen einfach eine Erfahrungstatsache.

B: In der Stoa wurde das Problem der Willensfreiheit zum ersten Mal erkannt und um eine Lösung gerungen:
1. Trotz der Schicksalsbestimmtheit hat der Stoiker Chrysipp einen Weg gefunden, der ein Minimum an freier Verantwortlichkeit sichert.
2. Wie sich der Mensch gegenüber den andrängenden Vorstellungen entscheidet, hängt von der Widerstandskraft seines Logos ab, die nicht nur durch die Erbanlage, sondern auch durch die Erziehung und die Arbeit an sich selber bedingt ist.
3. Da dem Menschen aber von der Natur die Aufgabe gestellt ist, seinen Logos auszubilden, trägt er auch die Verantwortung dafür, wie sich sein Logos entscheidet (nach Pohlenz, Stoa, S. 106).
4. Der zur Vollkommenheit ausgebildete Logos des Weisen strebt also darnach, die Gesetzlichkeit des Geschehens zu erforschen und die Wege der Vorsehung zu erkennen, die nur sein Gutes will.
5. Ein anderer Stoiker gebraucht folgendes Bild: Wenn ein Hund, der an einen Wagen gekettet ist, selber folgen will, dann wird er zugleich gezogen und folgt, er verbindet also mit dem Zwang den eigenen freien Willen; sträubt er sich zu folgen, wird er ausschließlich dem Zwang unterliegen. So ist es auch bei den Menschen.

C: Nach Klemens von Alexandria hat Gott dem Menschen die freie Entscheidung als besonderes Vorrecht verliehen, um zur Vollkommen-

heit zu gelangen; er weiß aber auch, daß der Mensch auf die Gnade Gottes und die Sündenvergebung angewiesen ist. Augustinus lehrte (gegen Pelagius), daß der Mensch noch die freie Willensentscheidung habe, diese aber sich seit dem Sündenfall Adams nur noch als Wille zum Bösen auswirke; nur durch Gottes Gnade kann ihm die ursprüngliche Freiheit zum Guten wiedergegeben werden; diese Gnade bringt in uns von sich aus den guten Willen hervor. Gott schenkt sie uns aus seiner Barmherzigkeit (nach Pohlenz, Stoa, S. 460/461).
Boethius, für den die Willensfreiheit feststeht, behebt den Widerspruch zwischen Freiheit und Vorsehung mit der Einsicht in die Ewigkeit Gottes, für den es kein „Voraus"-Wissen gibt, denn alles, was dem Menschen Zukunft ist, ist ihm Gegenwart.

1. Warum ist das Festhalten an der Willensfreiheit trotz des Fatums für die stoische Philosophie unabdingbar? (H 2)
2. Zu welcher Haltung führt das Fatum der Mohammedaner, der Christen und der Stoiker? (H 3)
3. Wozu veranlaßte die Prädestinationslehre Calvins ihre Anhänger? (G 2)
4. Welche Haltung gegenüber dem Fatum nimmt Äneas in Vergils Aeneis, Buch IV (Äneas - Dido, Vers 219 - 237, 260 - 276, 331 - 347, 393 - 396) und Buch V, Vers 700 - 730, ein? (L 3, H 3)

C) Die Stoa im praktischen Leben der Römer

1. Der vorbildliche Mensch: der Weise

Cic. de fin. III,22 § 75 - 76; Sen. ep. 66,6

75: gravis schwer, gewichtig, würdevoll, gesetzt — **conficere (-io) 3.** fertigmachen, verfertigen, vollenden, vollendet darstellen — **magister populi** Diktator und wörtlich? — **Euphrates, -is, m.** acc. -em oder -en Euphrat — **eius**: welcher Genitiv? — **lineamentum** Linie, Zug, äußere Gestalt, Gesichtszug
76: constringere 3. zusammenschnüren, -binden, -fesseln — **ille unus** = Solon — **rogus, -i, m.** Scheiterhaufen
6: inserere, -ui 3. hineinfügen — **contemplatio** die Anschauung, (geistige) Betrachtung — **actus, -us, m.** das Tun, die Tätigkeit — **intentus** gespannt, aufmerksam, achtsam auf, **alicui**: auf etwas bedacht — **ex aequo** gleichmäßig, auf gleiche Weise — **submittere 3.** unterwerfen — **ordinatus** geordnet, ordentlich —

sanus gesund, vernünftig, besonnen — **sincerus** rein, ehrlich, aufrichtig — **imperturbatus** ruhig — **attollere 3.** in die Höhe heben.

1. In der Zeit vor der Stoa erscheint nach der Darstellung Xenophons und Platons Sokrates als der vollkommene Mensch, nach Aristoteles ist es der „anständige" Mensch (*σπουδαῖος ἀνήρ* spudaíos anér), im Peripatos der hellenistischen Zeit ist der Weise der vollendete Weltmann.
2. So wie es in der Stoa nur die Tugend gibt, der das Laster schroff gegenübersteht, so gibt es auch nur zwei Gattungen von Menschen: die Weisen und die Toren.
3. Der Weise besitzt einen gesunden und starken Logos, daher auch volle Erkenntnis und Tugend; er allein führt ein vollkommenes und glückliches Leben; er hat die richtige Einstellung zur Außenwelt, kennt den wahren Wert der Dinge. Der Weise ist das absolute Vorbild, der ideale Mensch, der menschgewordene Logos.
4. Im Hochgefühl selbstbewußten Menschentums setzt die Stoa an die Stelle der alten Göttermythen den Mythos vom Idealmenschen, vom Weisen. Vielleicht hat er, sagen sie selbst, niemals existiert oder er erscheint wie der ägyptische Vogel Phönix nur alle 500 Jahre einmal auf Erden. Trotzdem oder gerade darum kann er als Vorbild seine emporziehende Macht bewähren. Die Wirklichkeit wird ihre Abstriche machen (Pohlenz, Stoa u. die Stoiker, S. 170).
5. Die Toren dagegen verfügen über keinen gesunden Logos, sie sind „geisteskrank", ihnen fehlt die Einsicht in den letzten Zweck menschlichen Tuns.
6. Die Stoiker sind aber dennoch realistisch genug, relative Wertunterschiede unter den Toren und die Möglichkeit sittlichen Fortschrittes durch Erziehungsarbeit an sich selbst zuzugeben, so wie sie neben den Tugendhandlungen die Pflichten für den Durchschnittsmenschen vorgeschrieben haben.
7. Der Weise Epikurs dagegen ist wirklichkeitsbezogener: er kann bestimmten Affekten unterliegen, pflegt seinen guten Ruf, hält sich von Politik fern und widmet sich mehr der wissenschaftlichen Betrachtung.
8. Die Kirchenväter übertragen viele Züge des Weisen der Stoa auf den vollkommenen, Gott wohlgefälligen Menschen.

1. Welches rhetorische Stilmittel liegt vor in 75: „**rectius** enim appellabatur ... **rectius** ... magister ..., **rectius** dives ...? (S 1)

2. Worin besteht nach Sen., de const. II, 1 - 4, die vorbildliche, einem Weisen ähnliche Haltung Catos? (H 3)

3. In welcher Weise spricht Horaz in epist. I, 1, 106 - 108 von dem stoischen Idealmenschen? (L 2)

4. Nennen Sie aus der Geschichte und Literatur weitere, für ihre Zeit vorbildhafte Menschentypen? Vergleichen Sie sie mit dem Idealbild der Stoa! (L 2, G 2)

5. Durch welche Verhaltensweise und Einstellung zum Leben wird sich der philosophierende Mensch nach den bisherigen Ergebnissen im allgemeinen von dem unphilosophischen unterscheiden? (G 3)

2. Anleitungen für einen jüngeren Freund zu sittlicher Vervollkommnung

Sen. ep. 4, 1 - 2; ep. 75, 8, 9, 13 - 15

1: quo diutius = ut eo diutius – **emendatus** fehlerfrei, vollkommen – **compositus** (wohl)geordnet, ruhig (Gegens.: turbatus) – **componere 3.** zusammenstellen, ordnen, bilden, formen – **percipere (-io) 3.** empfangen, gewinnen – **labes, -is, f.** (labi 3.) Fall, Sturz, entstellender Fleck, moral. Fehler

2: utique jedenfalls – **toga praetexta** purpurverbrämte Toga (f. Magistrate und Priester, auch für Knaben bis zum Anlegen der Männertoga) – **transcribere 3.** umschreiben, in einen anderen Stand versetzen – **puerilitas** Knabenalter, kindisches Wesen

8: proficere (-io) 3. vorwärtskommen, Fortschritte machen – **diducere 3.** auseinanderziehen, trennen

9: vicinia = vicinitas Nachbarschaft – **complecti 3.** umfassen, sich aneignen – **in usu habere 2. aliquid** etwas in Gebrauch haben, ausüben – **decidere 3.** herabfallen, verfallen – **lapsus, -us, m.** das Gleiten, der Fall – **liquet** es ist klar, einleuchtend

14: etiamnunc auch jetzt noch, noch immer – **cedere 3.** gehen, weichen, der Übermacht erliegen

15: bene agitur nobiscum es verhält sich, steht gut mit uns – **intentio** Anspannung, Anstrengung – **color** Farbe, der äußere Anstrich, Ton u. Farbe – **consequi 3.** erreichen

1. Nachdem sittlicher Fortschritt auch für Nicht-Weise möglich und notwendig ist, konzentriert sich besonders in der römischen Kaiserzeit die Philosophie als magistra vitae auf die Sorge um das persönliche Seelenheil.
2. Besonders Seneca lehrt strenge Selbstprüfung und Selbsterziehung als sittliche Aufgabe; um sittliche Vollkommenheit zu erreichen, sind notwendig: ehrliche Selbstprüfung mit moralischen Reflexionen, theoretischen Studien und Betrachtungen über den Kosmos, Ermahnungen, Lob und Tadel, vor allem aber auch praktische Anwendung und dauernde Übungen.
3. Kaiser Mark Aurel gibt den Rat: „Blicke nach innen! Drinnen ist der Quell des Guten, das immer sprudeln kann, wenn du nur nachgräbst."
4. Auch im frühen Christentum begegnet uns das Bestreben der strengen Selbstprüfung und Selbsterziehung mit der Neigung zur Askese, besonders bei den Mönchen.
5. Nach den Anschauungen der modernen Psychologie ist der Mensch ein zur Selbststeuerung fähiges Ichwesen, d. h. Person; er ist imstande, sich auch selber nach Ideen und Idealen zu gestalten, durch Formung seitens der Mitwelt, durch Begegnung mit der Kultur und durch aktive Selbstgestaltung zu einer Persönlichkeit zu werden (nach Remplein, die seel. Entwicklung des Menschen im Kindes- u. Jugendalter, S. 40 f.).

1. Welche im Deutschen gebräuchlichen Fremd- bzw. Lehnwörter sind von den im obigen Text vorkommenden lat. Wörtern abgeleitet: labe - lapsus; classis; ambitio; intentio; gradus? (S 2)
2. Welche seelische Funktion soll in der Selbsterziehung der Stoa der röm. Kaiserzeit besonders gestärkt werden? (H 2)
3. Informieren Sie sich aus Remplein „Psychologie der Persönlichkeit", S. 35, 2. Abschn., was dort über die Persönlichkeitsbildung gesagt wird, und vergleichen Sie damit das Persönlichkeitsideal, das sich aus der stoischen Ethik ergibt! (H 3)
4. Welche Bildungsideale haben sich im Laufe der Geistesgeschichte herausgebildet? (nach Strunz, Pädagog. Psychologie für höh. Schulen, S. 20 ff.). Welche Grundgedanken dieser modernen Bildungsideale stimmen mit Grundgedanken der stoischen Philosophie überein? (H 1, H 3)

3. Die Widerwärtigkeiten des Lebens sind für gute Männer keine Unglücksfälle, sondern Bewährungsproben

Sen. de prov. IV, 1 - 3; 5 - 7

1: vilis minderwertig — **devenire** herunterkommen, gelangen, sich wenden — **sub iugum mittere 3.** unterjochen, besiegen — **morsus animi** seelische Verwundung — **transire (-eo)** hindurchgehen — **est** = heißt
2: exhibere 2. herbeischaffen, darbieten, zeigen, an den Tag legen
3: experimentum Versuch, Probe(stück) — **tentare** = temptare betasten, untersuchen, probieren — **ultro** obendrein, von selbst — **cessare** zögern, nachlassen — **obscurus** dunkel, versteckt, unsichtbar
5: materia Materie, Stoff, Gelegenheit — **diffluere 3.** auseinanderfließen, überströmen, Überfluß haben — **plausus, -us, m.** das Klatschen, Beifall — **inexpugnabilis** unbesiegbar, unbezwinglich — **inclinatio** Neigung, Zuneigung — **pronus** vorwärts geneigt, geneigt, gewogen, leicht — **orbitas** Kinderlosigkeit — **tollere 3. (sustuli, sublatum)** in die Höhe heben, (ein neugeborenes Kind) von der Erde aufheben = (es) anerkennen und aufziehen
6: expavescere 3. (aliquid) (vor etwas) zurückschrecken — **stimulus** Stachel, Antrieb — **torpescere 3.** erstarren, erschlaffen — **detinere 2.** abhalten, zurückhalten — **novus** neu, unerfahren, unbekannt — **tiro, -onis,** Rekrut, junger Soldat — **pallescere 3.** bleich werden — **sanguis** Blut, Blutvergießen = Verwundung —
7: indurare hart machen, stählen — **recognoscere 3.** wieder erkennen, untersuchen (auf Echtheit) — **exercere 2.** in Bewegung setzen, -halten, heimsuchen — zu **exceptum** erg.: malis — **portio** Teil, Anteil — **differre** aufschieben, hinhalten.

1. Von den Menschen wurde und wird immer wieder die Frage gestellt, wie sich die Annahme eines allmächtigen, allgütigen und allweisen Gottes, der nur das Beste für die Menschen will, mit den unleugbaren Unvollkommenheiten und Übeln in der Welt vereinbaren lasse (das Problem der Rechtfertigung Gottes = Theodizee).

2. Die christlichen Religionen führen das Übel in der Welt auf den Mißbrauch der Freiheit durch die Kreaturen zurück, andere

auf das Wirken zweier entgegengesetzter Mächte, des Guten und des Bösen.
3. Auch die Stoiker beschäftigte die Frage, warum den Guten manche Widerwärtigkeiten begegnen, wenn es doch eine Vorsehung gibt, die für die Menschen nur das Beste will.
4. Abgesehen davon, daß die Existenz des Stoffes gewisse Schranken setzt und Unvollkommenheiten mit sich bringt und das Gute nicht ohne das Gegenteil, das Schlechte, gedacht werden könne, betrachten die Stoiker die sittlichen Übel als Mißbrauch der Willensfreiheit, deren Bestrafung zum Besten der Täter oder als abschreckendes Beispiel für die Mitmenschen dient. Die physischen Übel aber, wie Armut, Hunger, Krankheit u. a., die auch gute Menschen treffen, sind in Wirklichkeit gar keine Übel, weil sie der Glückseligkeit keinen Abbruch tun, sondern die sittliche Kraft des Menschen auf die Probe stellen. Auch dürfen die Menschen nicht erwarten, alle Absichten Gottes zu durchschauen, sondern sollen gläubig vertrauen, daß er letzten Endes alles zum Guten lenkt.
5. Seneca schreibt in „De providentia" II,5,6: „Non vides, quanto aliter patres, aliter matres indulgeant? Illi excitari iubent liberos ad studia obeunda mature, feriatis quoque diebus non patiuntur esse otiosos, et sudorem illis et interdum lacrimas excutiunt; at matres fovere in sinu, continere in umbra volunt, numquam contristari, numquam flere, numquam laborare. Patrium deus habet adversus bonos viros animum, et illos fortiter amat et: ‚Operibus, inquit, doloribus, damnis exagitentur, ut verum colligant robur.'

1. Erklären Sie die bildhaften Ausdrücke: „sub iugum mittere" (1); „sine morsu animi" (1); „virtute iturae in obscurum" (3)! (S 2)
2. Worin besteht nach Cicero, Laelius 10, 19 der Unterschied zwischen einem „vir bonus" und einem „vir sapiens"? Inwiefern zeigt sich gerade an dieser Stelle die Stoa in römischem Gewand? (H 3)
3. Zeigen Sie an den in Seneca, de prov. III, 1 - 14 genannten Beispielen aus der Geschichte, wonach die Römer einen „vir bonus" beurteilen! (G 3)
4. Wie wird im Alten Testament, Job 17, Kap. 36, 15 - 24, die Einstellung zum Leiden und der Sinn des Leidens und der Prüfungen gesehen? (H 3)

5. Welche unterschiedlichen Erziehungsmethoden schreibt Seneca nach 5 (oben) den Vätern und den Müttern zu? (H 3)

4. Die wahren Güter des Lebens bestehen nicht in äußerem Glanz und Reichtum

Sen. ep. 115, 6 - 11

6: repurgare (wieder) reinigen, säubern — **obruere 3.** überschütten, -decken, verhüllen — **obiacere 2.** vorliegen — **humilitas** Niedrigkeit, niederer Stand, Armut, Schwäche, Ohnmacht

7: quamvis a) bei Adj.: (wenn auch) noch so sehr b) unterordn. Konj.: wenn auch noch so sehr, obgleich — **sordidus** schmutzig — **obtegere 3.** bedecken — **malitia** Schlechtigkeit, Bosheit — **aerumnosus** mühselig, leidgeprüft — **veternus, -i, m.** Schlafsucht, Untätigkeit, Trägheit — **radiari** oder **radiare** (radius) strahlen, glänzen

8: hinc - illinc auf dieser - jener Seite — **verberare** schlagen, stoßen, treffen — **ludicrum** Spiel, Spielerei, Spielzeug — **in pretio esse** Wert haben — **monile, -is, n.** Halsband — **Ariston** griech. Philosoph der stoischen Schule um 275 v. Chr. — **insanire** wahnsinnig sein, toll sein, versessen sein — **circa** (mit Akkus.) ringsum, in bezug auf, bezüglich — **ineptus** unpassend, albern, kindisch — **calculus** Steinchen — **laevis = lēvis — macula** Fleck, Maserung im Holz

9: inducere 3. überziehen — **imponere 3.** aufbinden = weismachen, hinters Licht führen — **perfundere 3.** übergießen — **latitare** sich versteckt halten, sich verbergen — **lacunar, -is, n.** getäfelte Decke — **praetendere 3.** vorstrecken, vorschützen — **bracteatus** mit Goldblech, -plättchen überzogen — **membrana** Haut, Häutchen

10: detinere 2. festhalten, fesseln, zu tun machen — **venalis** (ver)käuflich — **ad** in bezug auf, mit Rücksicht auf

11: admirationem facere Bewunderung, Interesse verursachen — **infundere 3.** hineingießen, einflößen — **sidere 3. (sēdi)** sich setzen, sich niederlassen, festsitzen — **convenire** zusammenkommen, übereinstimmen — **suspicere (-io) 3.** (von unten) aufblicken, emporblicken, bewundern — **redigere 3.** zurücktreiben, (in einen Zustand) versetzen, -bringen, -verwandeln — **maledictum** Schmähung — **probrum** Beschimpfung, Schimpf, Schande

1. Nach der Lehre der Stoa ist alles Seiende entweder ein Gut oder ein Übel oder keines von beiden, das weder zur Glückseligkeit noch zur Unseligkeit beiträgt (*αδιάφορον* = adiáphoron = gleichgültig, indifferent).

2. Weil aber die Stoiker auch der Lebenswirklichkeit Rechnung tragen wollten, unterschieden schon ihre älteren Vertreter innerhalb der Adiaphora zwischen solchen, die von Natur aus positiv und bevorzugt sind (producta, praeposita), ohne zur Glückseligkeit beizutragen (z. B. Leben, Ruhm, Lust, Reichtum, Gesundheit), und solchen, die negativ, naturwidrig sind, die zurückgestellten (reiecta), z. B. Tod, Schande, Mühe, Armut, Schmerz. Auch der Weise, der sein ganzes Streben auf die Sittlichkeit richtet, wird sich an solchen äußeren Dingen erfreuen, die sein Leben verschönern.

3. Diese Lehre von den Adiaphora wurde auch von den späteren Vertretern beibehalten, nur die Einordnung in die verschiedenen Wertklassen schwankte: a) Ariston nahm eine kompromißlose Haltung ein und erklärte alle außersittlichen Dinge in gleicher Weise für indifferent (Cic. de fin. IV, 25 - 26 § 68 - 73) b) Seneca, nach dem ebenfalls die Tugend allein zur Erlangung der Glückseligkeit genügt, verwirft den Reichtum nicht, weil dieser nach seiner Meinung Gelegenheit zur Entfaltung der Tugend gibt; er kann auch böse Folgen haben, zwar nicht als bewirkende Ursache, sondern nur als Anlaß; er kann nämlich auch zum Bösen verführen. Der Weise liebt den Reichtum zwar nicht, zieht ihn aber der Armut vor. Reichtum nicht zu ertragen, ist nach Seneca ein Zeichen von Schwäche.

1. Welche Bedeutung von „quam" liegt vor in 8: „quam contemnenda miremur" und in 9: „quid aliud quam mendacio . . ."? (S 2)

2. Wie begründet Cicero, de fin. IV, 25 - 26 § 60 - 73, die vollkommene Ablehnung des Reichtums und Seneca, de vita b. XXI - XXIII, den relativen Wert des Reichtums? (H 3)

3. Auf welche Verhältnisse der römischen Kaiserzeit lassen die obigen Ausführungen Senecas schließen? (G 3)

4. Welche Folgen sind nach Sallust, Cat. X - XII, aus der falschen Wertung des Reichtums für das römische Volk entstanden? (G 3)

5. Worin liegt also die mögliche sittliche Gefahr des Reichtums? (H 4)

5. Utile – honestum

Cic. de off. III,12 § 50 - 53

50: calamitosus schädlich, (Schaden bringend) – **repugnare** dagegenkämpfen, sich widersetzen, in Widerspruch stehen – **annona** Jahresertrag (an Getreide) = Getreide – **caritas** Teuerung – **(navem) solvere 3.** den Anker lichten, aufbrechen
51: Diogenes Babylonius (aus Seleukia in Babylonien), Schüler und Nachfolger Chrysipps auf dem Lehrstuhl der Stoa in Athen, Gesandtschaft nach Rom 156 – **Antipater** aus Tarsus, Schüler und Nachfolger des Diogenes, Lehrer des Panaitios – **acutus** scharfsinnig, scharf denkend – **venditor - emptor**: Verkäufer - Käufer – **quatenus** soweit, insofern – **quam optime vendere** = quam plurimo vendere – **exponere 3.** (hin)aussetzen, an Land setzen, ausladen
52: ratio = Beweisführung – **vicissim** abwechselnd, umgekehrt – **commoditas** Bequemlichkeit, Vorteil – **triticum** (terere 3.) Weizen
53: immo vero nein vielmehr, ja sogar, vielmehr – **suum cuiusque** = Privateigentum

1. Sein im Jahre 44 v. Chr. entstandenes Werk „de officiis", in dem er weitgehend der Schrift des Panaitios „περί καθήκοντος" (perí kathékontos) folgte, gliederte Cicero in drei Bücher entsprechend den drei stofflichen Gesichtspunkten: Ursprung des „honestum" und seine Arten, die Pflichten des „utile", den Widerstreit beider.
2. Panaitios hatte den letzten Punkt zwar angedeutet, aber nicht ausgeführt, sondern nur grundsätzlich gezeigt, daß der Widerspruch nur ein scheinbarer sein kann.
3. Cicero hat im dritten Buch seiner Schrift, unabhängig von Panaitios, unter Anlehnung an andere Autoren dargelegt, wie man Fälle zu entscheiden hat, wenn das, was den Anschein des „honestum" hat, mit dem, was vorteilhaft erscheint, kollidiert.

1. Welcher Ablativ bzw. Genitiv liegt vor bei den Ausdrücken: „plurimo venditurus"; „pluris - minoris vendo"? (S 2)
2. Wie argumentiert Diogenes, wie Antipater? Welchen stoischen Grundsatz vertritt Antipater in seiner Beweisführung? (H 3)

3. Wozu würde dieser Satz, bis in die letzte Konsequenz ausgeführt, führen? (H 4)
4. Wie zeigt Cicero, de off. III, 26 § 99, am bekannten Beispiel des Regulus den Widerstreit zwischen „utile - honestum"? (H 3)

6. Ratschläge für einen jungen Herrscher

Sen. de clem. I, III. 2 - 3, V, 4

2: necesse est mit AcI, Inf. oder Konjunktiv – **quies** Ruhe (im Gegensatz zur Tätigkeit), bes. zum Zweck der Erholung; **otium** Muße, Ruhe (von öffentlichen Geschäften, von notwendiger, pflichtmäßiger Tätigkeit)
3: salutaris heilsam, zum Wohl, Heil – **stabilis** feststehend, fest, unerschütterlich – **fundare** fest begründen, sichern – **fundatus** fest begründet – **excubare** draußen liegen, Wache halten, auf Wache sein – **procedere 3.** hervortreten, öffentlich erscheinen – **prosilire** hervorspringen, -stürmen – **certatim** um die Wette, wetteifernd – **mucro, -onis, m.** scharfe Spitze, Schwert, Dolch – **substernere 3.** unterstreuen, -legen, darbieten – **strages, -is, f.** das Niederstürzen, die Vernichtung, das Sterben, ungeordneter Haufe (wie er sich in der Schlacht aus Leichen, Waffen u. a. bildet) – **struere 3.** aufschichten, aufbauen, errichten – **excubiae, -arum** Wache, das Wachehalten – **munire** Mauer bauen, befestigen, schützen – **circumfundere 3.** um etwas herumgießen, umgeben
4: praestare (mit Akk.) verleihen, gewähren, machen, leisten, erhalten (in einem Zustand) – **regia** Palast des Königs – **obstare** entgegenstehen, im Wege stehen – **interpellare** in die Rede fallen, Einspruch erheben – **excandescere 3. (-dui)** erglühen, aufbrausen – **deprecari** durch Bitten abzuwenden suchen, (um Befreiung) bitten – **manum inicere (-io) 3. alicui** gewaltsam Hand anlegen, Einhalt gebieten – **placidus** sanft, ruhig, gütig, huldvoll

1. Nachdem im Jahre 54 n. Chr. der noch junge Nero den Thron bestiegen hatte, verfaßte Seneca, sein Erzieher, für ihn die philosophische Abhandlung „de clementia".
2. Milde gegen die Untergebenen wird von der Stoa als wesentlicher Teil der Tugend betrachtet, auch schon deswegen,

weil wir uns unserer eigenen Fehler bewußt sein müssen und auch auf die Milde anderer angewiesen sein könnten. „Ut absolvaris, ignosce" (Sen. de ben. VII, 28).

1. Versuchen Sie eine angemessene deutsche Übersetzung für die relativischen Verschränkungen 3: „quem omnes . . . sciunt"; „cuius curam . . . experiuntur"! (S 2)
2. Welches philosophische System ist mit „qui hominem voluptati donant" gemeint? (H 2)
3. Wie läßt sich die „clementia" in die stoische Ethik einordnen und erklären? (H 3)
4. Welche Fürstenspiegel, d. h. Anleitungen zur Erziehung zukünftiger Herrscher, sind Ihnen aus der europäischen Literatur bekannt? (L 2)

7. Ein Verteidiger versucht, die stoische Strenge Catos gegenüber seinem Mandanten zu mildern

Cic. pro Murena 29, 30 § 61 - 63

61: requirere 3. wieder aufsuchen, vermissen, anders wünschen — **inventum** Erfindung, Lehre, Grundsatz — **aemulus** Nacheiferer, Anhänger — **delictum** Vergehen, Fehler — **levis** leicht, mild, sanft, schwach — **exorare** durch Bitten erweichen — **distortus** (distorquere 2.) verdreht, verwachsen, verschroben — **mendicus** bettelarm, armselig
62: ingeniosus geistreich, geistvoll — **publicanus** Staatspächter — **quispiam, quaepiam, quippiam (= quidpiam)** jemand, irgendein beliebiger — **fixus, -a, -um** festbleibend, unabänderlich — **fixum est** es ist beschlossen — **maledici putat** = den Vorwurf, geirrt zu haben, hält er für eine Beschimpfung — **nomen alicuius deferre** jem. anklagen — **temporis causa** der Zeitumstände wegen
63: diffidere 3. mißtrauen, verzweifeln an — **illi a Platone et Aristotele** die Akademiker und Peripatetiker — **distinctus** streng gesondert, verschieden — **mediocritas** Mittelmäßigkeit, Mittelweg, Maßhalten

1. Der designierte Konsul L. Licinius Murena wurde im November 63 v. Chr. wegen Amtserschleichung (unerlaubte Stimmenwerbung bei der Wahl) angeklagt und von Cicero verteidigt.

2. M. Porcius Cato unterstützte in diesem Prozeß die Vertreter der Anklage
3. In seiner Schlußrede verfolgte der Verteidiger Cicero das Ziel, in einer so gefahrvollen Zeit (Catilina!) einen so bewährten Mann wie Murena auch aus politischen Gründen freizusprechen.
4. Er versucht den Stoiker Cato bei seinen Zuhörern zu diskreditieren und zur Nachsicht zu bewegen, indem er dem Rigorismus der Stoa die kompromißbereitere Ethik vor allem des Aristoteles gegenüberstellte.
5. Cato ist den Grundsätzen der Stoa im Leben und auch in seinem freigewählten Sterben treu geblieben: mit Fanatismus strebte er nach der Tugend, mit einem unbeirrbaren Gerechtigkeitssinn handelte er im privaten und politischen Leben, noch am Abend vor seinem Tod unterhielt er sich mit Freunden über philosophische Themen und las vor dem Einschlafen Platons Dialog „Phaidon" über die Seele.
6. Mit ihm hatte nun auch Rom nicht mehr das Phantasiebild eines Weisen, sondern eine echte Persönlichkeit, an der es sich aufrichten konnte, einen echten Römer, zugleich das Sinnbild eines freien Staates (nach Pohlenz, Stoa S. 267).

1. Welche verschiedenen Bedeutungen kann „gratia" haben? Welche ist an obiger Stelle die zutreffende und warum? (S 2)
2. Versuchen Sie nach Sallust „Bellum Catilinae" aus den Reden Cäsars (Kap. 51) und Catos (Kap. 52) unter Verwendung der Würdigung beider durch Sallust (Kap. 54) und ihrer Einstellung zur Catilinarischen Verschwörung die Unterschiede ihrer Charaktere herauszuarbeiten! (G 3, L 3)
3. Welche Eigenschaften zeichnen auch in der Augusteischen Zeit einen vorbildlichen Mann aus? (Horaz, Ode III, 3, Anfang)
4. Welche nach stoischer Auffassung positive Eigenschaften werden vom Verteidiger Cicero ins Negative verzerrt? (H 2)
5. Welche Grundforderung erfüllt also Cato mit den Worten „neque disputandi causa, ut magna pars, sed ita vivendi"? (H 2)

8. Wie lassen sich Auswüchse der vier Temperamente und des Zornes vermeiden?

Sen. de ira II, XIX, 1, 2, 4; XX 1 - 4

1: potestas Kraft, Macht, Gewalt, Vermögen, – **fervidus** heiß, hitzig, heißblütig – **aridus** trocken – **umidus** feucht – **mixtura (elementorum)** Vermischung – **ingenium** Naturanlage, Temperament – **incumbere 3.** sich auf etwas legen, lehnen, hinneigen – **prout** je nachdem

2: refert es ist daran gelegen, kommt darauf an – **portio** Anteil – **praevalere 2.** sehr stark, kräftig sein, Übergewicht haben – **actuosus** lebhaft, tätig – **pertinax** beharrlich, ausdauernd, hartnäckig – **contractus** zusammengezogen, starr

1: proclivis vorwärts geneigt, geneigt – **pervigilium** das Wachbleiben bei Nacht – **querela** Klage

2: convertere 3. umwenden, verändern – **calere 2.** warm, heiß sein – **distendere 3.** auseinanderspannen, ausdehnen, aufschwemmen

3: citra diesseits, noch innerhalb einer gewissen Grenze – **lassitudo** Ermüdung, das Müdwerden, Schlaffwerden – **despumare** abschäumen, verrauchen

4: difficultas Schwierigkeit, Eigensinn, mürrisches, pedantisches Wesen – **mollire** weichmachen, auflockern, beruhigen – **fovere 2.** warmhalten, sich jds. mit Wärme annehmen – **increscere 3.** anwachsen, zunehmen

1. Hauptaufgabe der Philosophie, die besonders in der Kaiserzeit als Lebenskunst verstanden wurde, war die Ausrottung bzw. Prophylaxe der Affekte.
2. Schon Poseidonius hatte erkannt, daß die Disposition zu Affekten verschieden ist und daß diese auch mit der körperlichen Beschaffenheit in Wechselwirkung stehen.
3. Nach einer schon auf die Vorsokratiker zurückgehenden Lehre entsprechen den vier Elementen gewisse Qualitäten: das Überwiegen eines der vier Elemente im menschlichen Körper führt auch jeweils zur Entstehung des entsprechenden vorherrschenden Temperamentes.
4. Durch entsprechende körperliche Erziehung (Ernährung, körperliche Betätigung) kann man das „überschießende" Tem-

perament bremsen und dem Aufkommen von Affekten vorbeugen.
5. Nach wie vor entscheidend bleibt aber die intellektuelle Beeinflussung.

1. Wiederholen Sie aus dem oben stehenden Text die verschiedenen Pronomina: 1) aliquo - alicuius (elementi) - quaedam regiones 2) eadem (discrimina) - quisque - cuius (elementi portio) . ., inde — 1) alios - alios - quicquid (S 2)
2. Erklären Sie, ausgehend von der Grundbedeutung des Wortes „temperare", unser Fremdwort „Temperament"! (S 2)
3. Warum ist für die stoische Philosophie gerade die Bekämpfung des Zornes wichtig? (H 2)
4. Welchen Bezeichnungen der Temperamente in der modernen Psychologie entsprechen die obigen Bezeichnungen: umidi — sicci — fervidi — frigidi? (H 1, H 3) (Remplein, Psychologie der Persönlichkeit, S. 429 ff.)
5. Mit welcher modernen medizinischen Anschauung läßt sich die antike Theorie von den „umores" (Körpersäften) vergleichen? (H 3)
6. Was versteht man unter Psychotherapie, Psychohygiene? (H 1)

9. Trost für eine trauernde Mutter

Sen. ad Marciam de consol. X 5 - 7; XIX 5 - 6; XXIV 5

5: crimen Beschuldigung, Vorwurf, Schuld — **(in hanc) legem** = Bedingung, Bestimmung — **uterus, -i, m.** Unterleib, Mutterleib
6: contumeliosus schmähsüchtig, schmählich — **perurere 3.** ganz verbrennen, brennend quälen — **luctari** ringen — **explodere 3.** klatschend hinaustreiben, -werfen — **decondere 3.** tief vergraben, verbergen — **emaceratus** ausgemergelt — **detinere 2.** abhalten, festhalten — **varius** launenhaft — **libidinosus** genußsüchtig, willkürlich, launenhaft — **mancipium** Eigentum(srecht), Besitz, Sklave
7: moderari mäßigen, beherrschen — **dispensare** genau, gleichmäßig verteilen
5: exsolutio Erlösung, Befreiung — **reponere 3.** zurücklegen, wiederhinbringen, zurückbringen — **non:** zu natorum — **circa**

versari sich drehen, bewegen, sich befinden, sein, verbunden sein mit

6: terminus pl.: Grenze — **incessere 3. (-ivi)** Intensivum von incedere 3. auf jmd. losgehen, anfallen, bedrohen — **convicium** lautes Schreien, Zanken, Schimpfwort — **verecundus** scheu, schüchtern, sittsam — **sollicitus** mit Genitiv — **pendere 2. ex aliqua re** abhängig sein von — **spondere 2.** versprechen, verheißen

5: dumtaxat genau genommen, lediglich, nur — **effigies** Abbild, Schattenbild — **despoliare** ausplündern, berauben — **obducere 3.** (über etwas) ziehen — **cutis, -is, f.** Haut — **involvere 3.** einwickeln, einhüllen — **offocare** erwürgen, ersticken — **inficere (-io) 3.** anmachen, färben, vergiften — **sidere 3.** sich setzen, festsitzen — **manere 2.** (trans.) erwarten — **ex** unmittelbar nach — **crassus** dick, grob, roh, schlammig, morastig

1. Die Tochter des unter Augustus und Tiberius lebenden Geschichtsschreibers Cremutius Cordus, Marcia, hatte ihren noch jungen Sohn Metilius durch einen frühzeitigen Tod verloren.
2. Seneca wollte die untröstliche Mutter aufrichten und übersandte ihr diese Trostschrift.
3. Seit Poseidonius waren in der Stoa der Glaube an eine individuelle Unsterblichkeit und bestimmte Vorstellungen über das Schicksal der Seele nach dem Tod lebendig.
4. Seneca nimmt zwar nicht eindeutig zu diesem Problem Stellung, aber an vielen Stellen der Briefe und Trostschriften malt er das Los der Verstorbenen in den leuchtendsten Farben.
5. Seneca schreibt in ep. 102, 26 - 28: „Jener Tag, den du als den letzten fürchtest, ist der Geburtstag der Ewigkeit".

1. Von welchem Wort hängen die jeweiligen Genitive der obigen Stelle XIX, 5 - 6 ab und um welche Genitivarten handelt es sich? „mors dol**orum** omnium exsolutio est" — „si mortu**orum** aliquis miseretur" — „non paupert**atis** metu, non diviti**arum** cura, non libidi**nis** per voluptatem animos corrumpentium stimulis incessitur" — „non felicitatis alienae tangitur"
2. Zu welchen Kategorien der vorhandenen Dinge gehört also nach Seneca der Tod, wenn er schreibt, „nec bonum nec malum est".

3. Welche Auffassung vom Leib-Seele-Problem steht hinter diesen Gedanken, die in Sen. ep. 102, 26 - 30 noch näher ausgeführt werden? (H 3)

4. Vergleichen Sie dazu die christlichen Anschauungen: Paulus 1 Kor. 15, 20 - 50; Off. 21, bes. 4! (H 3)